你是孩子最好的玩具

陪孩子走过3—6岁成长关键期

余昧◎著

江西美术出版社

全国百佳出版单位

图书在版编目（CIP）数据

你是孩子最好的玩具：陪孩子走过 3—6 岁成长关键期 / 余昧著 . — 南昌：江西美术出版社，2020.7
ISBN 978-7-5480-7432-8

Ⅰ . ①你… Ⅱ . ①余… Ⅲ . ①儿童教育－家庭教育 Ⅳ . ① G782

中国版本图书馆 CIP 数据核字（2020）第 027160 号

出　品　人：周建森
企　　　划：北京江美长风文化传播有限公司
策　　　划：北京春风化雨文化有限公司
责任编辑：楚天顺　李晓璐
版式设计：小燕儿
责任印制：谭　勋

你是孩子最好的玩具：陪孩子走过 3—6 岁成长关键期

NI SHI HAIZI ZUIHAO DE WANJU：PEI HAIZI ZOUGUO 3–6 SUI CHENGZHANG GUANJIAN QI

作　　　者：余　昧

出　　　版：江西美术出版社
地　　　址：江西省南昌市子安路 66 号
网　　　址：www.jxfinearts.com
电子信箱：jxms163@163.com
电　　　话：0791-86566274　010-82093808
邮　　　编：330025
经　　　销：全国新华书店
印　　　刷：北京柯蓝博泰印务有限公司
版　　　次：2020 年 7 月第 1 版
印　　　次：2020 年 7 月第 1 次印刷
开　　　本：880mm×1280mm　1/32
印　　　张：10
ISBN 978-7-5480-7432-8
定　　　价：39.80 元

关于"人之初，性本善"还是"性本恶"，千百年来无数人卷入思考、辩论。无论正方还是反方，其情切切，其言凿凿，最终却谁也没说服谁。

看着眼前这个小人儿，忽然觉得多余。

也许，它压根儿就是个伪命题。

幼儿呱呱坠地时，是一张多纯洁的白纸啊，压根儿没有是非善恶的分辨心。他们是人间初来乍到的客人，不懂规矩，不谙法则，所以直截了当，直奔主题。你满足他，他便满心欢喜，你阻逆他，他便不甚开心。

他们天真、莽撞，常常和大人发生龃龉，因着诸多的不自由和不对等，往往不自觉地陷入与大人的较量中。

我的宝贝笛笛，刚认识时他是"审时度势"的。但是很快，他不再约束自己，耍尽各种所谓的"伎俩"，每隔一阵就折腾一番，肆无忌惮、任性妄为。我遇强则强，逐渐练就"专制强悍的嘴脸"。"相爱相杀"没有我们这样剧烈的。

在较量中，他轮番尝试抗争、迂回与合作，慢慢总结"人间"法则。我则在较量中，观察、刺激与引导，令他收获快乐，并逐渐成长。

较量是最有效的训练。较量，是孩子行走人间的一种胆量，一种勇气，一种呼之欲出的控制力。我们须怀着慈悲，对这较量不予粗暴定性。冷静、审慎，在较量中将乐观、积极、正直和善良传输给他，将礼节、理智和谦逊传导给他，将自私、顽固和暴虐的坏处告诉他，再把亲情和友爱的美好展示给他。

把较量变为成长和进步的阶梯，是我们该做的。

生活中，笛笛是个很难搞定的人。为什么难搞定？我想与我们的想法相悖有关。"上有政策，下有对策"，在大人诸多要求和制约下，他"曲线救国"想出了很多点子，有着无穷无尽的"对策"。而大人，常常需要大开脑洞，才能在一次次交锋中不致败北。

这是多好的思维训练。

我们只有这样看问题，问题才显出它的意义。

然而更多时候他是天使。不论我多执着、拂他的心意，过后他仍会对我跟前跟后，捐弃前嫌。

"妈妈，我要是上大学了，想你怎么办？"那天，他忧心忡忡地问我，提前为离开妈妈而担忧。

"你想我的时候，我就会出现。现在，我们要过好每一天才是，你不是说过吗——现在开心才最重要。"

"是的，妈妈，我们在一起可开心了。"

无论如何，他确实令我倾倒。

余昧

2018 年 8 月于黄山

目 录

Part 01
天赐的母子情缘

Part 02
我长大一岁了

Part 03

小学见面会

Part 04

写在最后

Part 01

天赐的
母子情缘

她不是阿姨，她是我妈妈

离城三公里，我们来到一个村口。

将车泊在一片青翠的竹林边。我跟在他后面，沿着林边的小路走进村。"不可居无竹"，古徽州不俗的传统中，大户人家造园，小百姓家植林，竹始终不可或缺。

右拐，又是一片竹林。他指着竹林后一幢三层小楼说："到了。"这幢朴素的房子，在这个初夏的早晨显现出一派寂静。

他临时决定回家取东西，事先没和母亲打招呼。我一边走一边想，这个散漫的家伙，竟这样散淡地让丑媳妇来见婆婆了。

一步跨进屋，迎面就望见他清瘦的母亲，一紧张，本能地叫了声："阿姨。"他觉察到我的局促，嘴角掠过一丝笑意。

母亲应了一句："来了。"然后转身去唤孙子。

笛笛咚咚咚地下楼来。在最后一级台阶上，他突然停住，一个猛子扑到正在望着他的爸爸怀里，援着他的胳膊一转身，跨上了旁边的太师椅，动作敏捷，嘴巴咕哝咕哝在说着什么。

从他爸爸口中，我知道他今年四周岁，上幼儿园小班。因为抵抗力差，经常感冒发热，有一阵子没上学了。也许因为这个，他说起话来吐字不清。我努力地听，仍然不知所云。

他长得白净、瘦小，一副弱不禁风又不失机灵的样子。

"你好啊，小笛笛。"我是大人，搭讪这事该由我先来。

"我在楼上看电视呢。"谢天谢地，终于听清了一句。

"哦，看什么电视？"

"奥特曼。"他说。

对了，奥特曼是他的偶像，我听说过无数次。从他爸爸的手机里，我甚至见识过他那庞大的奥特曼战队。

笛笛从椅子上溜下来，跑出堂屋大门。我只好跟上去。

"看，奶奶养的鸡，还有鸭子。"他说话奶声奶气，见我没听清，又耐着性子重复了两遍。

"是吗？养了这么多，奶奶可真能干！"我附和着，跟着走近鸡舍。鸡舍前有一溜儿盆栽的花草。

"这些花全都是奶奶种的，好多吧？"他像极了一个庄园主，带我参观他的领地，"有些是城里买来的，有些是自己栽的。"他努力说得明白一些。

围墙脚下，一垄鱼腥草开着小白花。"这也是奶奶种的。"他走上来补充说。

"走，我们去那边看。"他边说边牵过我的手，好像牵着久别重逢的伙伴。穿过堂屋，后门外的路边分别种着一垄鱼腥草、一垄四季豆和一垄洋角，此时都开着花。高高的竹架上，挂着长长短短的豆角。

"妈妈你看，奶奶是不是很能干？全都是我们家的，很好吃的。"笛笛周到地介绍。

"长得真好。这些蔬菜都很好吃的，宝宝是不是最爱吃？"我信口漫应着，回念捕捉他的话语。他刚才好像叫我——妈妈？我在心里暗暗吃惊，随后又觉得好笑，是幻听吧，自我感觉不要太好了。

他爸爸收拾好东西，嘱咐母亲几句，示意我该出发了。

跟阿姨道别，对正在摆弄玩具的笛笛说了再见，我们一前一后迈步出门。

"不说再见啊？跟阿姨说再见呀。"身后传来奶奶对孙子的吩咐。

"她不是阿姨，她是我妈妈。"笛笛纠正道。

我们愣在门口，吃惊地对望。"阿姨"这个称谓属于繁文缛节的成年人，被笛笛果断抛弃。

"好吧，是妈妈！对妈妈也要说再见呀。"奶奶顿了一下，想必也被小家伙惊到了。

"妈妈再见。"笛笛心不在焉地喊了一句，头也没探一下，像任何一个漫不经心的孩子对母亲的态度。

我是垃圾堆里捡来的

中秋节回村，笛笛更瘦了。这个学期上幼儿园中班，他每天都坚持去了，可见幼儿园的午饭他没好好吃。

晚饭时，大家围着桌子坐定。他拧着身子坐在爸爸身边，浑身不自在。大家都吃好了，他还在慢慢地嚼，碗里的饭菜没见少。我拿过勺子，开始给他喂饭。

奶奶笑盈盈地调侃："吃饭还要喂，扔到外面去。"

"妈妈，我以前住在垃圾堆里的。"他闻言想起了什么，咽下一口饭告诉我。想必奶奶经常这样和他调笑。

"奶奶把你捡来的，对不对？"我不失时机地往他嘴里添上一勺。

"是的，我是垃圾堆里捡来的。"他一脸不以为意，跟我交代他的"来处"。

"是不是城北那只绿色的垃圾桶？"拿出一副知根知底的样子，我信口胡诌。

"是的，就是那里。"

"知道不，我当时也看见了，怕你不好好吃饭，太顽皮不听话，捡起来又放下了。"看着他一脸惊喜，我索性把故事圆起来，"如果当时知道你这么棒，我才不舍得丢下呢。"

"哈哈，你不知道吧。我在垃圾桶里住了好几年。"他面有得色，吃得更带劲儿了。我伸过去的手却停在了半空，怔怔地看着他。

不完整的家庭，在他心里就是一只垃圾桶啊。

"都怪妈妈当时没把你带回家。还好，还好你现在仍是妈妈家的。"我看着他清澈的眼睛，一边说着，一边被自己的话打动了。

终要成为一家子的人，无论散落何处，无论命运如何百转千回，到底是要相遇的。

这个孩子，是我生命中一个奇异的相遇。他一见面就叫我妈妈，他以后的每天都会叫我妈妈。

他是我的孩子，我们相遇了。

天赐的母子情缘

吃完中秋的晚饭，两个大人回到屯溪的旧居。

少有地坐在客厅里看电视。

他突然侧身拉住我的手："以后会有很多事，你知不知道？"

"什么事？"我被突如其来的话语激得一愣，心里一阵慌乱，定定地看着他。

"孩子这么小，你会很辛苦！"这个男人用抱歉并期望的眼神望着我。

"除了孩子，还有别的事吗？"如此郑重其事，一定有什么大事发生，我感到千钧的压力。"有什么事，你一定要先告诉我。"出于对未知的恐惧，我追加一句。

"没有别的什么。我是说孩子太小，够烦的，你怕不怕？"他恳切地问。

"哦，孩子这么小，他长大的过程要多辛苦，我是清楚的。"毕竟我是一个十九岁女孩的母亲。我松了一口气，肯定地回答："这个，我一直都清楚。"

"那就好。你清楚我就放心了。"他挪动着身子，不自然地往沙发后背上靠去，我感到了他的紧张。

陡然也紧张起来。

确定要组建家庭的当口儿，这份养育的责任才更加清晰。在将来漫长的岁月里，两个理性的、号称沟通能解决一切的人，为了孩子的教育和成长，可能会产生无尽的冲突和别扭，会脸红脖子粗。那么眼下的自由与惬意，就离我们越来越远了。

　　至于辛苦，它哪里能跟这份天赐的母子情缘相提并论呢。

第一次家庭作业

　　我们正赴一场宴请。

　　刚到酒店，便接到笛笛的电话。他奶声奶气地说老师布置了作业，自己不会做。别无选择，我转身便往外走。他爸爸说吃一点儿再去吧，没那么急。

　　我说不了，孩子不急我急呢。

　　心里其实很窃喜。与孩子相处，远比应酬一群结构复杂的社会人快乐，笛笛真是天使，帮我逃离了一场繁文缛节。

　　赶到时，笛笛和奶奶刚吃好晚饭。见到我，他就拿过书包。

　　所谓一切从零开始，这第一次的家庭作业就是画"0"。算术本上，画了整整一面的盘式图，图的上方写着不同的阿拉伯数字，笛笛需要在下边的竖线上画出同等数量的"0"，以代表算盘珠子。

　　天晓得一个中规中矩的"0"写起来有多难。我们大手握小手地把笔，"0"倒是写圆了，可小手疼得不行。于是握松些，让他的小手来主导运行，笔画变得扭曲，形态也各异起来。

时隔太久，我已记不清当初女儿上幼儿园时的情景。笛笛上的这家幼儿园，环境好，硬件设施不错，老师特别敬业。可是中班便布置家庭作业，是不是早了些？看着他握笔的艰难，心里不由得犯嘀咕。可是老师布置了，大人只好配合。我告诫自己，这作业完成便是功德，不准提什么"精益求精"。

终于写完了。看着那些"0"有如大珠小珠落玉盘，我们相视而笑，像打了场大大的胜仗。

看到笛笛露出喜悦的表情，我才确信，这份作业有了正面的意义。

隔了一天，又来电话了——我又幸免于一场应酬。

这回写"2"！

"2"是我启蒙时期的第一个心理阴影。当年我的老师硬说它长得像鹅，我很纳闷，怎么就像鹅了？"2"的下横那么小，怎么也不像鹅肥肥的肚皮，百思不得其解，还为那个优雅的鹅颈吃了不少苦头。

真是怕什么来什么，我心里犯怵。把着笛笛的小手写了几遍，说了一些书写的规律。他似懂非懂地应着，一副揣着糊涂装明白的样子。联想到"像鹅"一说，所谓规律无非是大人自作聪明的总结，抽象、难懂，于他几近空谈。索性在字格边缘将"2"字必经之处标上黑点，嘱咐他行笔时一定要经过它们。笛笛那支立场不坚定的铅笔有了轨迹可循，摇摇晃晃，居然能写得八九不离十。于是继续标黑点……

写了不到半页，他便自己标黑点来写了。

写到还剩三分之一时，他索性连黑点也省略，直接写了出来。

"2"竟成了我人生中最成功的教学案例。

大概所谓成功的教学，都是万幸地有着一个悟性极高的学生吧。

他需要妈妈在场

为了装修房子，他爸爸的山东之行一拖再拖。油漆工进场近半个月，防水补漏在连续阴雨的空隙中又做了加固，他才觉得可以离开一段时日。

今天终于要成行了。

早上，他正在收拾行装，突然接到母亲来电，说笛笛身体不适，需要去趟医院。他嘴里应着，表情已经凝重。

见他犹豫，我说："你安心出差，孩子有我呢。"我上班的地方离奶奶家只有二十分钟的车程，来去一趟很便捷。

"就是让你费心了。"他想了又想说。

赶到村里接了笛笛和奶奶，我们便一路往高铁站驶去。

可以送爸爸出差，笛笛塞翁失马，乐得病容都不见了。奶奶的表情也慢慢化开。在进站口，他爸爸对我们说："你们去吧。"我们仨闻言转身。当我回头望时，发现他愣在原地欲言又止，于是赶忙对头也不回的笛笛说："快，跟爸爸说再见。"

儿童医院的医生确诊笛笛是腮腺炎，叮嘱隔离一周。领了药物，做了特别的登记，我们便转去幼儿园请假。老师正在给孩子们上课。解释了笛笛的情况，收拾了被褥，询问完未来一周的学习任务，老师才想起问我是谁，我说我是他妈妈。老师笑了："还是第一次见到妈妈，以后多多联系。"

加了班级的微信群，给自己添上备注"某某的妈妈"。走出学校时，忽然对自己娴熟于"某某的妈妈"感到满意，告诉自己不要辜负这个角色。

笛笛左手牵着妈妈，右手拉着奶奶，走在幼儿园的长廊上，满心的欢喜就要溢出来。

情绪上的快乐能扫除肉体的疼痛。从幼儿园回到家时，笛笛的状态已经很好了，依赖的情绪却借机上位。当我下班再赶到时，奶奶告诉我："他呀，非要等妈妈来才肯做作业，真顽皮。"

望着这个小小的人儿，看着他祈求原谅的眼神，我顿时明白了，他是需要妈妈在场。

妈妈，是无论快乐痛苦、病痛健康、有事没事都要在身边的人。

来自宝宝的鼓励

我认识笛笛五个月了。当初的他说话奶声奶气，发音不准，现在吐字明显清晰，声音也响亮了，言谈也越发老到。

但仍然有没过去的坎儿，比如不会擦屁股、吃饭不愿自己动手、不喜欢看图画书，尤其对颜色的概念比较模糊，大姨的红色衣服，他说是火色，算是最贴切的一次。

他看电视时不喜欢坐着，而是在沙发上滚来滚去。

玩玩具只钟情于奥特曼。

吃起零食来，满桌满地都是渣渣。

但这些不影响他的智力。他无师自通，善于察言观色，提出一些他渴望的，又不过于违背大人意志的要求。

趁爸爸出差，他不失时机地央求我："妈妈，带我到你家去吧。"

我不清楚他是怎么得知爸爸作为一个成年男人需要维护所谓的尊严，他紧锣密鼓地装修新家，是不愿意在我的旧居安营扎寨的意思。

"妈妈也想带宝贝去，可是要上班，家和幼儿园又不顺道。这样吧，每晚妈妈过来辅导作业，表现好的话周末就带你去。"妈妈是庸俗的大人，一到关键时候就要利益交换。

然而他答应了。

周末回村，笛笛见到我，立刻高兴地跳起来："好啊好啊，可以去妈妈的家了。"我故意逗他，别这么张扬，奶奶会失落呢。

奶奶起先惊愕，继而也乐了，挥挥手："有妈妈就不要奶奶了。去吧，去吧，别回来了。"

笛笛反应敏捷，立即像块上了发条的牛皮糖扒住奶奶的腿脚："奶奶，奶奶，别生气，宝宝最爱奶奶了。"同时把小嘴噘得老高，凑上去强吻奶奶。

奶奶架不住摇晃，只好投降："你去吧，去吧，别折磨奶奶了，头都晕了。"

虽然之前只来过一次，到了妈妈的家，笛笛完全没半点拘束。看电视时，仍然在沙发上滚着身子，手摁遥控器："妈妈，你家的电视好神奇哦，这么多好看的动画片。"从有线电视到网络电视，他有点儿眼花缭乱，艰难地做着选择。

当他沉浸于一部奥特曼，好久不搭理身旁的我时，我便溜进书房，打开宣纸练习书法。

电视播完他才想起妈妈。他跑进来见我写字，大感意外，啧啧称赞："妈妈写得真好，妈妈真棒……妈妈真是天才……"

这些鼓励的话语多么熟悉啊——他竟学着我的样子，在给我鼓劲儿呢。掩饰住内心的得意，我望着他，感慨于自己的言行如此逼真地被他继承。

他忽然换了话题："妈妈，可以帮我换个电视吗？"

"原生"的一家三口

不止一个朋友告诉我，笛笛长得像我。另一拨朋友则说，我和笛笛爸爸越看越像了。一位同时见到我们仨的朋友说，我们看起来就像原生的一家三口。

事实上，长相只是天意。情感融洽的一家人，个人形象再怎么迥异，看起来都是温婉和谐的，何况我们的相处比许多原生家庭更和美、更温馨。

大姨也知道了我们关于垃圾桶的故事。看来与笛笛相处确实让我由衷地幸福，自然而然地在与姐姐的闲谈中，把这些细节说漏了嘴。

趁着周末，我带笛笛去看望父母。他对于新的外公外婆很喜欢，跟前跟后地喊着。

大姨一家也到了。他跟大姨早已热络，玩闹的时候，大姨突然调侃："这么好的孩子，哪里来的？"

笛笛老实地回答："我是垃圾桶里捡来的。"

"是那只彩色垃圾桶吗，红色的？"大姨盯着他的脸，欣赏着他认真又稚气的表情。

"是的，就是那只。"他并不介意大姨的知情。只有我在心里诧异，记得上次他确认的垃圾桶是绿色的吧？

"这么好的孩子，我也想去捡一个。"大姨一把将他揽进怀里，欢喜地揉着他的短发。

"没有了，大姨。"他说着，一把挣脱大姨的怀抱，转身就抱住我。大姨先是一愣，等到悟出他的意思，把头摇得像拨浪鼓。

吃完晚饭，我们回到旧居。一边看动画片，一边谈论着爸爸："要是爸爸在就好了，可以一起散步，一起逛超市……"

笛笛忽然转头盯着我："妈妈，你之前几年去哪儿了？我一直在找你。"

"啊……我，我上班，我……"我想说因为上班太忙了，又觉得不如说给姐姐陪读好，却怕他怪妈妈偏心，便支支吾吾，不知如何回答。

在这关键的时候，"叮叮叮……"手机响起了微信视频的邀请声，是爸爸拨来的。我俩一齐扑上去，点开了那个绿色的按钮。

爸爸刚刚吃完晚饭回到宾馆："他们还在继续，我不管了，赶回来看你们。"

"我们是在外婆家吃的晚饭。"我们俩几乎异口同声，对着手机里的他喊。

爸爸突然定在那里。

"咦，爸爸怎么不说话？"笛笛问。

"别是镜头卡住了吧？"我说。

"不对，我们两个都在动，只有爸爸不动了。"我们俩在这边你一言我一语地猜测着，爸爸这时抬起手腕擦了一下眼睛。

"妈妈，手机没卡。爸爸动了，啊，爸爸哭了！"笛笛意外地惊叫。

我也看出来，这个男人是被我们挤着抢镜头的样子触动，一时间没有抑制住。"爸爸没有哭，爸爸是太高兴了。想你们，爸爸好想你们。"他说着，又抹了一下眼睛。

看着镜头内外的父子俩，想到他们曾经的相依为命，忽然心酸不已。因为太小，父母离异的三年里，笛笛有两年是跟着爸爸在外游历、奔波的，直到要上幼儿园才托付给奶奶。笛笛虽然聪明乖巧，但年纪太小、嗷嗷待哺，又三天两头生病，两人不知吃了多少苦头。

过去的三年我竟自在清静地逍遥，完全不知道他们的艰辛。难怪刚才笛笛质问时，我只能嗫嗫嚅嚅，无言以对。

不做沉重学业的代言人

周末很快过去，笛笛被送回奶奶家了。

幼儿园的校车每早在村口接，傍晚再送回来。他就这样在城乡之间来回穿梭。

我在每个有作业的日子，会被准时召唤。每次见面，笛笛似乎都在等，他适应了这个行色匆匆的妈妈。有时他已经吃完饭，在指挥他庞大的奥特曼战队了。

相比之下，那支铅笔就难指挥多了。

阿拉伯数字、汉字零散的笔画是这段时间的研究对象，书写姿势和行笔的规律是重要内容。笛笛写字的耐心极其短暂，决定了我们只能在最短的时间内，确保笔画写对、大致周正便结束了。至于写得有点儿斜、有点儿偏格，仍然不去深究，只提醒他下次注意。

有时，他自己气不忿儿，抢过橡皮把那些丑陋的字擦去，然后要求我把笔。待写完再抬起头，对我粲然一笑，表现得像个淡定的胜利者，然后转身去指挥奥特曼。

也许该预习一下明天的功课——有时我忍不住想。想到他完成作业时的舒坦和放松，我在矛盾中挣扎又挣扎，最后打消了念头。

不要做沉重学业的代言人——我给自己画下一道警戒线。试想哪个身心健康的孩子长大了不会数数儿、不会写字？

这天晚上，与他爸爸视频聊天。谈到孩子的状况，他忽然顿了一下，说："回家有一件重要的事跟你商量。"

"什么大事，不能在视频里说吗？"

"嗯，是很重要的事，不能在视频里说。"他若有所思。

他谈了当天的绘画心得，关于人性的纯粹和艺术的纯粹、历代书画大家的风貌与内在修为的关系，之后话锋一转说道："我对自己有信心。只是生活方面，亲爱的，我们需要一个决定。"

我要看有许多字的书

幼儿园的老师说，笛笛上课很认真，就是写作业慢。

我知道，这个年龄的孩子，坐在课堂上多半含糊，所谓的认真，维持的时间往往短暂，更多的是碍于老师在课堂上站着，并不敢造次而已。至于写作业，也只是不得不应付的艰难考验。但是艰难归艰难，老师布置的，他知道无条件服从。

这天并没有被召唤。老师在微信里说有作业，我下班便过去了。

见了面，笛笛并不提作业这一茬儿。绕了好大的圈子，仍然不提。我启发道："喜欢读书吗？"

"喜欢！我要看有许多字的书。"他答得果断。

"许多字的书？"我倍感意外。

"是的，爸爸有很多书，都是有许多字的。"他补充道，坚决要"继承"爸爸的优秀品质。

"哦。许多字，读起来不是很枯燥吗？"

"不，爸爸都不枯燥。爸爸爱看，我也爱看……可是妈妈，枯燥是什么？"他认真地转过头。

"我们还是先来看语文课本吧，看图说话，不枯燥。"

"我不是告诉你，我喜欢看有很多字的书了吗？"他执着道。

我一笑，从包里掏出散文集递给他。他看着我，我用眼神鼓励他，他犹豫着慢慢接过去，随机翻开一页，立在桌上，盯着上面的字看。

我实在忍不住，问他："你看哪一篇呢？"

"在看！"

"哦，在看，在看。可是……为什么不顺过来，拿倒了看不累吗？"我终于憋不住了。

他转过书，拿眼神没好气地朝我脸上一扫。

"为什么要看有许多字的书，今天没作业吗？"我决定不再周旋。

"没有！"他头也不抬，拿眼睛对着书页上下扫射。我拿过他的书包，抽出作业本。他立刻望向我，于是我不看作业本，笑着与他对视。

他又低下头去看书。

我翻开作业本，无言地递到他眼前。"被你发现了，妈妈！"他放下手中的"道具"，忍无可忍又万般无奈地说。

我没出声，只是揶揄地看着他，看着这个初次与我交锋的小人儿。

他默默地拿过作业本，慢慢地掏出铅笔，望了望我，委屈地低下头去，一笔一画……

艰巨的学习任务

周日赶到村子，家里没人。拨奶奶的手机，却在厨房里响起了铃声，只得往村子里盲目地走去。热心的邻居大婶告诉我，奶奶带着笛笛去药店了，往前再往左。

他爸爸正好打来电话，提醒我，他们应该是去教堂做礼拜了，往前再往右。

往左还是往右？我一边走一边思量，最后决定往右。药店虽是最新情报，但一般不会久留，教堂却是奶奶固定礼拜的地方，把这条路摸熟了，以后便利。

一位和善的大姐迎过来问我找谁，我说找某某时，她热心地问："你是她儿媳吧？她来过，走了有一会儿了。"

"啊，谢谢了。"他俩来过，我似乎在同一时间闻到了他俩的气味。

到家时，他们已经在等我了。笛笛变得主动，指着墙上挂着的书包告诉我，这次家庭作业多，写阿拉伯数字"3"和汉字的笔画"撇"。"这些我都会。"末了他神气地说。

既然都会，为什么还等妈妈？他嘿嘿地笑着，奶奶替他回答："他就要等妈妈来。"

我摸了摸他的头，拉开椅子让他坐下。新家的装修还没有完工，暂时不能生活在一起，作业自然成了笛笛的借口。其实，祖孙俩都是在寂寥中长久浸泡的人，都散发着清冷孤单的味道。只有我到来时，家里的凉意才被挤出去一些。

笛笛拿出一本田字格，见我打量着他，便低头快速地写起"3"来，写得歪歪扭扭，却是他能做到的最好状态了。对其中特别丑的，我们商量着挑出一些来重新写。"撇"没有障碍，虽然长长短短的，但在自鸣钟嘀嗒的走动声中，很快就完成了。笛笛舒出一口气，得意地望着我。

"还有算术本上的盘示图，"笛笛忽然想起，如临大敌，"妈妈，这个我是真的不会。"我告诉他，像上次一样，盘示图上方写了几，下方便画几个"0"。他说那好吧，便咬紧牙关用力地画呀画。有时画着画着，便忘了数个数，一直画下去。有些"0"画得很大，当妈妈提醒之后，他往往在下面写出一串很小很小的，像大珠小珠被匠人的小徒弟串得歪歪扭扭的。我忍俊不禁，这个从不会到会的过程，是多么艰难而有趣啊。

当他画完了"0"，就该吃中饭了。吃着吃着，他便开始念叨着要看电视。我突然犯了贪心，说不行啊，妈妈得教你写"4"和"5"，按老师上课的进度，它们是下周的家庭作业。

他变得消极。"4"字没写两行，便推说要睡觉，并做出一副打瞌睡的样子。

我的宝贝是天生的表演系学生。我在心里苦笑着，这还是自我保护最婉转的方式。忽然想起自己定下的规矩——不做沉重学业的代言人！看，我不自觉就要露出庐山真面目了。

为了逃避额外的作业，笛笛对妈妈竟没有半点儿留恋，径直上楼去了。

在回家的路上，我把笛笛前前后后的表现寻思了数遍。

他从蒙昧状态与我结缘，我要负责他的生活品质和成长所需的营养供给，使他快乐、自信和善良，对进步和成长持有饱满的热情，对触及的一切充满正直的友善，一直到他人格逐渐完善乃至独立。

这才是我该重视的题海。

而目前，我是他"失而复得"的母亲，不是艰巨的学习任务。

未经审视的生活不值得度过

曾在天涯论坛发表自己的陪读系列散文。将近一年了，时断时续地，至今还没发表完毕。傍晚登录这个版块，续上一篇写好的文章。

无意中发现论坛右上角的"站内短信"，上面显示有许多未读信息。许多读者留下的信件，淹没在算命、炒股等垃圾广告中，需要披沙拣金地遴选出来，一一回复。挑着读着，其中有多位出版主编的留言，他们在信中表示，如有兴趣谈谈出版事宜。

按短信中给的 QQ 号加好友，有两位正好在线。稍作沟通之后，选了样稿发送过去。

因为工作上的繁忙和生活上的变迁，今年写作的频次明显下降。一些有意味的琐事、可推演的思维，被一再搁置。搁着悬着，大多便消散在了虚无中。每每想到这些，便渴望生活能够早日安定，使我恢复平静的、可以尽情读写的状态。然而我又明白，这种半焦虑的状态并非一无是处，它使我置身于完整生活的情境当中，体味着"人间"具体而微的冷暖，不再是不食烟火的梦想家或高蹈的伪思想者了。

被更多地需要是一种幸福，让人有一种充足而笃定的踏实。不仅仅是生命旅程中增加了同行的人，还是生活给予的巨大而意外的奖赏。我们之间将有无数的故事发生。

晚上，照例与笛笛爸爸视频，顺便说了主编留言的事。他开心地说："将来有时间，你把跟我和笛笛的相识、生活的点点滴滴写成书，也拿去发表。"

有些惊讶。因为某种担忧，我对新生活的书写尽管不多，却从没告诉过他，于是问："让自己的生活变得透明是很多人胆怯的，你不担心吗？"

"不怕。考验的是做人够不够正直、敞亮。"他说，"苏格拉底说过，'未经审视的生活不值得度过'，我相信我们的生活经得起审视。"

我们相视而笑。难怪能这般默契，连坦荡的程度都如此相似。

那么，当下的艰苦只是生活的转折，是为通向未来所做的铺垫。在将来漫长的岁月里，生活定将赏赐我无边的感受，给我源源不断的灵感和文字。

皇天不负有心人

一

女儿很小的时候，曾三番五次跟我请求："给我生个弟弟吧。"

我不理会。不单是她的幼小使我没有念想，就是国家政策也未允许啊。这些是无法与她说清楚的，我便转而调侃她："生弟弟和生妹妹，可不是你能随便挑的。"

"不，我就喜欢弟弟。"蛮不讲理的她总是固执地回答。

日子一晃，她已经上了大学，早就不提这个不现实的梦了。

没想到生活在考验过我们之后，给予了丰盛的补偿。当她知道将有一个小男孩要做她弟弟时，我发现她的眼神亮了。

她放寒假回到家时，新家庭已经注册成立。她没看到弟弟，便问："弟弟呢，怎么不在家？"当我告诉她弟弟在奶奶家时，她有掩饰不住的失望，"我要去看他。"

"终于圆了我小时候的梦想，有一个弟弟，真好。"去村庄探望弟弟，我们仨手拉手散步时，这位姐姐由衷地感慨着。

"皇天不负有心人。"继而她又狡黠地添了一句，拿眼神得意地扫了我一眼，仿佛理想照进现实是生活对她的馈赠，捎带便宜了我。

幼儿园总是最后一个放假。于是姐弟俩盼啊盼，终于盼到一起度假。

理所当然地，弟弟要跟姐姐厮守在一起。我照例上班。爱人照例到未装修完毕的新房去工作，那里虽然零乱，但画案更大，更施展得开，还可以随时督工。所不同的，是早晨离开时，他眉宇间有份不放心，有点欲语还休。

作为独生女长大的女孩，是否能应付顽皮的小男孩？这一点我也有些忐忑。

中午时分，女儿突然发来一张油锅的照片，问："蛋炒饭需要放多少油？"

这个总为自己叫外卖的家伙，为了弟弟的饮食安全，竟然亲自下厨房了。蛋炒饭是弟弟最钟爱的，感谢科技的进步，使得一边操作一边请教成为可能。

"少了，再放这么多。"我终于按捺下隐隐的担心，老到地回答。

岂知她很惊讶："呀，炒个饭要这么多油啊？"实践出真知，不练手什么都是空谈。

午餐时间到了。从职工食堂打来饭菜，送一口进嘴，点开微信，打开女儿早已发来的视频——笛笛大口大口地往自己嘴里送饭。碗里的炒饭转眼就消失了，他抬起头，认真地面对镜头说："妈妈，姐姐炒的饭真好吃啊。"

镜头里传来姐姐咯咯的笑声。

二

姐弟俩形影不离。待到春节，假期已经过了大半。俩人的相处已由当初的喜形于色，慢慢习惯成了自然，偶尔还闹一点儿小别扭，甚至装模作样地吵架。

因为年龄差距大，真正的吵架是不可能的。往往还是弟弟挑事："妈妈，姐姐笑话我，姐姐说我不乖。""妈妈，姐姐不好好吃饭。""妈妈，姐姐她管着我。"……

所有台词都与内心的得意有关，说明了他一刻也没忽略姐姐的存在。姐姐享受着弟弟的挑衅，一边假装无奈，一边暗自好笑。

大年初二，全家一起去给笛笛的太婆拜年。车子开到县城，爱人下车向一家商店跑去。和姐姐打闹的笛笛抬头没见着父亲，便问："爸爸去哪儿了？"

"爸爸去湖南卫视了。"姐姐促狭地回答。

"什么？"笛笛从来不看综艺节目，自然听不明白。

见他紧张的样子，姐姐不忍，改口道："爸爸去买东东了。"

"东东？东东是谁啊？"

"你猜。"姐姐又觉得好笑。

"东东是爸爸的好朋友吗？"弟弟天真地问。

姐姐出其不意地大笑起来。弟弟才知上了当，整个人扑上去，揉着她的脸蛋说："姐姐坏，姐姐是个不听话的姐姐。"

"我怎么不听话了，是你自己OUT了，还怪别人。"姐姐一不留神，又说了一句网络语。

"什么噢脱，你又说怪话！妈妈，姐姐坏，姐姐不听话！"弟弟气得直翻白眼，索性耍起泼来。

听到他们打闹的声音，我只好把耳朵捂起来。

待到折腾够了，姐姐才哼哼道："弟弟是一块未被网络污染的处女地。不过我倒要看看，他能坚持多久？"

三

刚满五岁的男孩，正处在时时展现"聪明才智"的当口儿，生活上又过了亦步亦趋的窘迫阶段。他于刚刚长大成人的姐姐而言，不仅填补了少时的缺憾，还直接进入了彼此吸引与交锋的阶段。

但是在某些领域，他们是无法重叠的。比如，对食物的爱好，对消遣方式的选择。

弟弟对奥特曼的迷恋，到了让姐姐惊叹的地步："难道他不知道，世上有很多比奥特曼好玩儿得多的玩具？"

当然不是。

这天，十岁的外甥女偶尔来家玩儿，带来一组乐高积木，有事没事都攥在手里。引起了笛笛浓厚的兴趣，外甥女走后，他便换了电视的品味，看起了乐高主题的动画片。末了还念念有词："我也要乐高玩具。"

"妈妈，弟弟这次终于不要奥特曼了。"作为重大的发现，女儿把这件事告诉我。

我嘴巴一歪，差点儿笑出声来："得了吧，你小时候比他固执多了。"

"是吗？我小时候才不喜欢奥特曼。"女儿意识到什么，丢下一句就跑开了。

该吃晚饭了，弟弟还在缠着姐姐上淘宝网。"买什么？"好奇他们之间总有搞不完的事。

"买啥，你说买啥！当然是，当然是买乐高了……"姐姐不无夸张地说。

"哦，乐高，当然得是乐高。"我知趣地退了出来。

姐姐第二天就去了北京，弟弟则被送到奶奶家。傍晚时分，笛笛打电话来问："乐高买来了吗？"显然他不懂网购的规则。

爸爸只得拖延："姐姐去北京了，得过几天。"

再见面，劈头第一句仍然是："乐高买来了吗？"

"姐姐还没回来呢。"爸爸说。

"啊！姐姐怎么还不回来啊，呜呜……"笛笛捂着脸，假装哭泣的样子。

五岁的孩子，关注点少，但关注的力度却是哪个大人都无法撼动的。从奥特曼转到乐高，再从乐高转向别的，关注的本质都与当初喜欢奥特曼是一样的。爸爸以不变应万变："笛笛乖一点儿，姐姐过两天就回来了。"

吃饭的时候，笛笛无法掩饰他的不开心，却吃得特别卖力。为了乐高，他能百般顺从；为了乐高，甚至有点儿卧薪尝胆的味道。

天上转的玩具车

周六送走开学的姐姐，周日就该交给笛笛宝贝了。

当我赶到徐村时，他正催奶奶带他出门。问他想去哪儿，他兴奋地说去游乐场，去坐那种大大的大轮子。

"大轮子是什么？"我一边在脑际搜索，一边百般不解地问。

"哎哟，就是那个转转转的。"怕我不明白，他用手臂比画着大大的圆圈。

"你是说摩天轮吗？"

"不是母天轮，是在天上转的，玩具车。"他吃力地说道。怕我不明白，便把我往家里拽："走，我带你到楼上去看。"

楼上？楼上的过厅有什么我很清楚，一边跟他上楼，一边在心里等着看他的笑话。哪知他往墙上一指："看，就是这个！我要坐这个！"

"这……"我望着他，不知道如何对答。

墙上画的正是抽象的摩天轮，只是它在那些胡乱涂抹的万物中显得不够高大罢了。"宝宝，这个就是摩天轮。人坐在上面的椅子上，那个大轮慢慢地转。"我描述着，希望与他达成共识。

"对，就是转的。带我去吧，妈妈。"笛笛见我终于搞懂了，便换了撒娇的口气央求。

"可是你说的游乐场在哪里呢？"我望望他，又望望奶奶。

"我也不知道游乐场在哪儿，是不是市里？"奶奶显然被他烦够了。

"市里已经没有游乐场了。"我肯定地说。当年的小型游乐场已经被拆除，变成江心公园了。而我们的县城，始终没见过它的影子。

因为城市发展没达到笛笛的预想，摩天轮的踪影难以找寻。我只好挠挠头皮，建议他们一起回县城的新家。

新家离祖孙俩很近，我和他爸爸年后就搬了进去。只因对甲醛的顾虑，我们才没敢接笛笛同住。偶尔串一下门，也算是对未来生活的一种预习吧。

"不去。"笛笛的心理落差一时调整不过来。

"好吧，那我和奶奶可去了哦。"我假装往外走。

"啊，奶奶去哪儿我就去哪儿。"笛笛来了个一百八十度大转弯。

"后妈"似的嘴脸

到了新家，将祖孙俩安顿在客厅看电视。

准备好晚饭，便招呼他们移驾餐厅。动画片被突然打断，来到餐桌边的笛笛一脸不高兴。

加上摩天轮之事，他的心里百般别扭。一屁股坐下，身子便不由自主地晃动。"宝宝，吃饭有规定，可不能乱动的。"我假装严肃地说话。

早在去年，我就跟他灌输过：孩子在两张桌上不能随便，一张是餐桌，另一张是书桌。当时的我很得意，以为做到了提前预防。现在看来，只是美好憧憬。

奶奶也随声附和，说好好吃吧。

他望望天、看看地，以表示对任何话语的充耳不闻。等我们都不言语，他便用一些无关紧要的话头，要和我们聊聊别的。见我们只对吃饭感兴趣，他又开始晃动。

我们的饭已经吃了一半，他还是最初那口，且没有咽下。

"笛笛，你是没见过妈妈认真的样子！"我拿眼睛直盯着他，露出一脸的严肃。

他一时愣住，见我有所缓和，便又开始扭动。"你可以问问姐姐，妈妈较真起来是什么样子，她这么大了还顾忌呢。"我正色地补上一句。

他讪讪地软了下来，神色间忽然有一丝惶恐。接下来的饭，他自己吃了几口，奶奶吃好喂他，他就顺从地一口接一口往下咽。

看着他的样子，我忽然也害怕起来。想当年，我对女儿就是这一副"后妈"似的嘴脸，她在威逼利诱之下叛逆地长大，天性中多少宝贵的东西消失了也未可知。

我不禁问自己，对笛笛也要扮演高高在上的神吗？

从他对奶奶的巴结、对爸爸的顾忌可以想见，我们这些"神"在他的世界是怎样翻云覆雨地主宰一切的。未来的他会不会既抑郁又软弱？

我这个母亲，该改头换面了。

全家福为什么没有宝宝

这天，我们去外婆家吃午饭。

外公外婆的家不大，风格简洁、纯朴，所有陈设都属于功能型。狭小的空间被生活物资挤占殆尽，没有值得观赏的地方。

除了客厅的墙壁上，那一张大大的全家福。

那是三年前的一个春节，我们去一家影楼拍下的。我和女儿作为小家庭的成员身列其中。

笛笛开心地玩耍着，对外公外婆跟前跟后地叫着，情绪格外地好。

但是临吃饭时，他情绪忽然变得低落。孩儿脸六月天，我们见得多了，便不以为意，想着或许一会儿就好了，还能顺顺当当把饭吃下去。

可是，无论你夹什么菜，他都说不吃；无论你怎么哄，他只管充耳不闻，像个开水都融不了的冰疙瘩。外公外婆好言相劝也无济于事，仿佛对他们也有很大的意见。

大家都在欢声笑语里吃好了，他仍然还有半碗饭。

当我们收拾残羹冷炙时，他还是事不关己地望着虚空，对大家充满了意见。

终于把一碗饭吃完。笛笛站起身，青着小脸儿指着全家福质问外公："这相片上有妈妈，有姐姐，为什么没有爸爸？为什么没有宝宝？"

大家都愣在那儿，不知从何说起。

趁着春节的当儿，外公安排照了新的全家福，很快挂上了墙壁。

这回，笛笛和爸爸都在其中了。

第一次拜祖宗

清明节快到了，爱人带我和笛笛上祖坟。

印象中的祖坟都在山上，与城市和村庄有一段较远的距离，仿佛只有这样才符合仙逝、归去的某种喻意。因为惯性思维，一大早我就穿上平底鞋、宽松休闲的衣衫。爱人意外地望望我，没有言语。

我们的车像往常回家一样，直接驶进村庄，停在老位置上。进家提了把锄头，爱人就走在前面，我俩跟在后面。笛笛时不时跑偏，我伸手把他拽回来。

穿过一片竹林，跨过几畦菜地，在离家直径百米内的田地中央，我们停在几个土丘前面。

"妈妈，这是什么地方？"笛笛问我，仿佛他也是第一次到来。

我望着他爸爸。爸爸哦了一声，才告诉我们："这是我爷爷，这是我太奶奶。"

"祖坟离家这么近？"我顺口溜出的话，总是这样不着调。

"呃……"这个问题太意外，爸爸本想搭腔，望望我硬咽了下去。

我不言语了。也许我娘家的祖先喜欢清静，而他的祖宗愿意守望子孙；也可能我娘家祖宗田地少，而他的祖先土地富余。我一边感叹自己惯有思维的狭窄，一边漫无边际地联想。

清除了茂盛的杂草，挂上纸钱，上香、跪拜。爸爸招呼在一旁玩耍的笛笛，他过来很认真地拜了又拜。

回到村里见到小伙伴，笛笛告诉对方："我刚刚拜年去了。"

小伙伴稚气地哦了一声。

空气中忽然就有了一份喜乐。也许每个幼小的人都一样，被各种牵强的事物左右着，搞不明白它们之间有怎样的联系又有多少的区别。

我和笛笛都是第一次拜祖宗，又都这般懵懂无知，他说是拜年就拜年吧，拜个晚年。

请你吃炒面了

爱人去淮北参加一个会议。公司里，一个重要工作到了反馈的阶段，财务是重中之重，于是周末也不能休息。

拿起手机，发现一个未接来电。

是婆婆的号码，心里咯噔一下，赶紧回拨。那头立即传来笛笛欢快的声音："妈妈，你什么时候来接我啊？"

被需要是一种幸福。欢快的语调对疲惫的人来说，无疑是一阵拂面的春风。我赶忙跟他解释，因为工作上的事情没做完，而它又特别重要，所以无法陪他玩儿了。他懂事地说知道了，却没有挂电话的意思。

也许电话也能解闷。想到昨天祖孙俩跟姑姑一起涮了顿火锅，便与他调侃："想玩儿就找妈妈了，吃火锅的时候怎么没想到我呀？"

"想到了呀，不是请你吃炒面了吗？"他笑嘻嘻地，像在说一件真实的事。

"呃，好吧！"一时语塞，心里直喊佩服。

他说的请客，是前天晚上我去辅导作业，凑巧奶奶做了炒面而我没吃晚饭，如此而已。

塞翁失马，焉知非福

笛笛咳嗽有一阵子了。这几天因为住院，看护权便自然从奶奶手上转移过来。今天，终于在医生的许可之下办了出院手续。

我回到新家时，笛笛正骑在沙发扶手上看动画片，身上的衣服比同龄孩子至少多出一倍。爱人则穿着短袖 T 恤在厨房张罗饭菜。

笛笛正式跟我们生活后，下班回家都是这样的情景吧，我心想。

这是我的新家，我再次进入一家三口的情境之中。

晚饭后散步，往张曙音乐广场走去。笛笛像诗人一样感慨："和爸爸妈妈一起散步，感觉真好啊！"一边絮叨着，一边蹦蹦跳跳地向前跑去。我们加快步伐尾随而上。爸爸感慨地笑了，他想起了漂泊的岁月。

前不久，幼儿园组织来这个广场春游的时候，不巧我在单位加班加点，爸爸出差去了淮北，没有像其他家长那样全程陪同。为了弥补我们的缺憾，笛笛带我们走春游时的路线："我们在这里野炊，在那边做了游戏，还有，吃中饭是在那块草坪……"草坪上，笛笛模仿老虎、狮子和母鸡的样子，惟妙惟肖。老虎和狮子的原型来自动画片，母鸡的原型则是奶奶养的鸡。为了演奥特曼，他要我扮演另一个角色，无奈我完全抓瞎，笛笛只好凭着一身力气，独自一通神拳外加摸爬滚打，直到额头沁出了汗珠。

返回的路上，笛笛摘下一片黄绿相间的叶子，放在我的手心："妈妈，这是我送给你的礼物，很漂亮的。"厚厚的小叶片，有着玉的质地。接着，我的手心又多了一片紫红色的。我们一边谈论着幼儿园的小朋友和玩具，一边回到了家。

笛笛洗过澡后，我们便各自安稳。爸爸在画室练书法，我在画室外厅的书桌上看书，笛笛蹲在我桌边的地上，拿着彩笔在小画板上涂涂抹抹。

家如此安静，连时间溜号的声音都没有。

不知过了多久，我突然意识到什么，慌忙站起身找人。

笛笛正专心地写字，一本小画书摊在画板上。听到响动，他抬头望了我一眼，复低头写上一笔，然后死死地盯着左手的画书，又添一笔。画板上，一行歪歪斜斜、大小不一的字，居然写对了大半。这个学历幼儿园中班、数字刚刚读到 10、汉字笔画还没学完的小家伙，居然一口气写了这么多汉字！

"宝宝，你太棒了！这些字谁教你写的？"因为惊异，我说话都没有逻辑了。

"我自己写的啊。"笛笛嘴里应付了一句，头也没抬。

"写的是什么字，你知道吗？"

"不知道，都是这本书上的。"说完，他继续一笔一画地模仿。

我不禁对着那行字读起来："**上有个老人丢了一匹……""边塞"两个字难辨认，应该是不好写的缘故。

这时，沉浸在书法中的爸爸走了出来："啊，这些是你自己写的？"

"嗯。"这时，笛笛已经把"边"字琢磨出来了。

爸爸转过头吃惊地望着我。

我们惊讶地对视。

笛笛完全不被我们影响，开始写他的第二行，那份专注跟爸爸在画室里的样子如出一辙。爸爸赶紧将画板架高，笛笛站起身继续写。

"你知道宝宝写的是什么吗？塞翁失马！"我朝爸爸转着眼珠子。

这个新家庭刚刚安置停当的男人，这个一心盼望过上安宁生活的男人，表情慢慢地变得意味深长。

我们仨，确实有太多"塞翁失马"的故事。

长大了做什么

近来我们总是调侃，笛笛长大了做什么呢。

笛笛说，我要当警察。原因很简单，幼儿园正在排练"六一"儿童节的表演节目，笛笛参加了舞蹈"长大了要当警察"。

随着舞蹈排练的进度，他疯魔的程度也在与日俱增。这使我相信，他长大了一定会当警察的。

也许因为工作的繁重，好几年没复发的鼻炎竟犯了，我整个人没精打采的。受上呼吸道的牵累，喉咙也开始作痒，总是咳嗽个不停。

这晚母子俩坐下吃饭。

嘴巴刚凑近热气腾腾的饭碗，就被一口热气呛了，我无法遏制地一阵猛咳。

笛笛吃惊地看着我。我只管使劲地咳。

"妈妈，"笛笛突然说话了，"我长大不当警察了，我要当医生，给妈妈和奶奶治病。"

这回换我吃惊了。

看着他一脸认真的样子，咳嗽竟神奇地止住了。

妈妈去哪儿了

女儿寄了一堆冬衣回来。

因为刚装修好，她的衣橱需要清洁一下才能放置衣物。我在她房间里忙活着。

笛笛是个小电视迷，只要坐在电视机前，就没有什么能撼动他。

把衣橱擦拭了几遍，垫上一层棉纸，把衣物塞进去，把大衣挂起来。终于见到成效了，正在端详着，外面突然传来一阵号哭："妈妈，妈妈，妈妈不在家了，哇哇……"

我一个箭步冲出去。笛笛正从楼上冲下来，看到冲进客厅的我，突然立住身体止住哭声。须臾，他委屈地问："妈妈，你去哪里了呀？"

"妈妈在房间收拾啊。"

他破涕为笑，脸上两行泪水那么清晰："我以为妈妈不见了！"

我过去一把抱住他："傻孩子，妈妈要是出门，肯定会带着你的啊。"

"吓死我了。我，我……"他上气不接下气。

笛笛是最近才正式和我们一起生活的。在城市林立的高楼中，没有村庄的平坦和安宁，失去了村庄的趣味与亲和，出了家门就没有熟悉的人。他自然异常慌张。

"笛笛，"我蹲下来，"以后，如果哪天爸爸妈妈真的不在家，我是说如果，你也千万不要急。你记住，只要守着家，爸爸妈妈总会回来的。"

笛笛含着眼泪，显然不希望这样的事情发生。为了找我，他刚才已经从楼下跑到楼上，再从楼上冲下楼来，仿佛我再不出现，他会径直冲出家门。

我接着告诉他："你要记住，这是你的家，是天底下最安全的地方。只要你守在家里，爸爸妈妈永远都不会丢。相反，如果你冲出去了，爸爸妈妈到哪里去找你呢？"

这磨合期的小插曲，着实令人心悸不已。我们平日的安全教育，多针对家外的凶险和家里电器的使用，从未涉及这类情形。只要笛笛冒失地走出，"妈妈去哪儿了"立即派生出"孩子去哪儿了"的戏码，我们将各据一端，陷入惊慌和绝望。

爸爸回来后，两个大人反反复复对他叮咛了又叮咛。

每次较量都是一场心理战

一

新生活不全是幸福和感动。

这不，共同生活没出一个月，笛笛就显露出他别样的"聪明才智"和强大的心理素质了。

前天吃过晚饭，笛笛搭积木，我则坐在他对面，拿出自己的书来读。读着读着，突然想到他的家庭作业，便问了一句，他说："已经做好了。"似乎无须多问。

自从上学期有了家庭作业，我便清楚这于他是一项负担，幸亏并不是天天都有。今天放学进家时，他说过有作业，此刻我想了想，真没看见他写。

听了他的话，我有些发懵，只好说："妈妈想看看。"

"做好了还看什么，不用看了。"他像没事人似的，手一刻不停地搭着积木。

"欣赏一下也好啊。"我搜肠刮肚找借口，边说边拿过他的小书包，顺势拉开拉链。

他表情中有一丝闪烁。当我打开一个本子时，他眼神又闪了闪，把头埋到了桌子下边。

本子的最后一页，只有老师用红笔示范的一个笔画。我一惊——较量的序幕就这样拉开了？

我默默地把本子递给他，他无奈地接过去。见他极其忍耐的样子，我把想说的话硬生生咽了下去，起身离开书桌。

一边在客厅心不在焉地打扫卫生，一边琢磨他对作业的态度。上次不想做作业时，他说没有作业，这次说有而已经做好了，竟是递进和升级的态势。我提醒自己沉着冷静，不要过早地陷入纠缠。

二

他吃饭懒得动口，催他，他便说饭菜不好吃。有画画儿的任务，但是他说不想画画儿。"要沉着，要冷静！"我表面假装不在意，却在心里一个劲儿地默念这"六字真经"。

做老师布置的算术题，他翻开本子并不动手，我看着自己的书，耐心地等待。良久，我终于抬头望着他，他也怔怔地望着我。

我对他眨眨眼，问："干吗呢宝贝？"

"我准备写作业。"他慵懒却机智地回答。

"哦，那写吧。"我假装轻松。

"好的，妈妈。"回答得嘎嘣脆，眼睛仍假装专注地看着我的脸，良久也不动弹。

我只好离开书桌，去别处随便做点儿家务。

一个人留在桌上，可能终于感到无趣，他便懒懒地捣鼓起来。

我假装不在意——我想幼儿园的作业，主旨是建立"学习"的意识，不料于他却是考验和挑战。好的意识一时树立不起来，那么就淡化它，不强化为坏的被动意识，不加剧他的抵触心理。

每一次较量都是一场心理战，不宣战比不认输更重要。我感到自己的情商有了质的飞跃。

<h2 style="text-align:center">三</h2>

也许因为新鲜感消失，也许他正在发展独立意识。

总之这周以来，笛笛的表现让我惊异。第一感觉是他熟悉了这个新家、这个新妈妈，发现并没有什么好顾虑的，才屡屡试探起我的底线。

他对爸爸始终敬畏。爸爸在时，他除了对电视痴迷、对吃饭不耐烦，并无特别之处。但是爸爸不在时，他会变得肆无忌惮，不再把妈妈的劝说当一回事。

我敏感于他的差别心，参不透其中的奥妙。

又忍不住愤愤地想，人的角色在互换，当我们经历过风风雨雨，看透了人生终究需要纯正品质和真才实学，看穿了那些无聊虚饰的把戏而越来越真实的时候，他，一个小小的五岁的孩子，却开始练习使用"聪明"。

我感到千钧的压力，难怪人类的悲剧总是不断重演，因为人性的弱点会不期然地在下一代身上萌芽、疯长。我不能接受，我不能让如此蹩脚的人性，在自己家中生生不息。

我开始寻找机会。

周日我俩在家。吃过早餐，笛笛就占据客厅的有利地形，打开电视，在沙发上闹腾。当我提醒他动作过猛会受伤时，他不客气地扭过头去；当他把电视声音放得巨大，我告诉他会吵到邻居时，他无动于衷。

当他把靠垫扔得到处飞，我跑过去张望，他却故意砸我时，我终于不再忍耐，质问他："告诉我你要怎样？"

"我就要这样。"他理直气壮地说，仿佛换了个人。

"这样？这样是怎样？"我用探究的语气问。

"反正就是这样！"

"这样？你过来，看看这个人你认识吗？"

"过来就过来，反正我不怕。"他气势非凡地跟我来到房间的镜子前。

"来，看一下，你不是说要当警察吗？你见过哪个电视上的警察是你这样的？看看自己的样子。"我指着镜子，"里面的人你认识吗？"

他横着的小脸儿怎么也找不出警察的影子，他看了隐隐一怔，顿时语塞。

"告诉你，我不允许你没礼貌。还有，我平时不爱教训你，是因为你一直表现不错，并不是我脾气好。更不代表我会由着你胡来，让你上房揭瓦。"我义正辞严，尽量压低语气，不让自己的暴脾气冲出来。

或许是上次见他害怕，我改观得太彻底，以致给了他软柿子的错觉。而此刻他惊呆了，他看到一个严峻的妈妈，一个随时会翻脸的妈妈。

他的眼神闪过一丝不自信。

我平息下自己的情绪，蹲下来平视他的眼睛："你以前不是这样的。你有礼貌，知道什么该做，什么不该做，你愿意听大人的建议。最近，最近这是怎么了？你是不是有什么不开心？"

他的眼珠在眼眶里打转，最终下决定似的摇摇头。

"如果有什么想法，一定要说出来，不要用脾气来替你说话。你看，脾气只会让我俩吵架，解决不了任何问题，对不对？"

"我知道了。"他突然挣开我的手，一溜烟地跑出房间。

四

再回到客厅，电视的声音明显降低了。

每当我经过时，总能感觉到他警惕的目光。好吧，我这个未来警察的妈妈，亲自变身做了警察。

接下来的时光，笛笛不再对着干了，而是不太情愿地听从大人的意见。关掉电视，打开自己的玩具箱时，显得烦躁而隐忍，你说要和他比赛搭积木时，他冷冷地说不要，你的关心也显得多余。总之接下来的时间，他的情绪始终不高。

这是焦头烂额、剑拔弩张的一天，这是孩子委屈、大人憋屈的一天。直到傍晚，这个小试牛刀的家伙回到了正形，突然变得小心和听话。

吃晚饭的时候，他看着我，仿佛怕我对他失望。突然就良心谴责，我是不是太严苛了？我是怎么被他裹挟进去的？我似乎不太想得起来。

看着这一脸的小心翼翼，我说不出别的："宝宝，吃饭吧。"他应声吃了一大口。

回到房间，我一边给他放洗澡水，一边问他："宝贝，从现在开始我们好好的，不再发脾气，不再吵架，做一对快乐的母子，好吗？"

他赶紧点点头："好的，妈妈。"

"还有，以后无论什么事，记得实事求是地说话，不要说成别的样子。"

他眨着眼睛问："说实话妈妈不生气吗？"

"不会啊，比如想多看一会儿电视、作业没完成，都没什么大不了的，照实说就行。说假话就不同了，它本身就是一个大错误，妈妈铁定会生气。你为了不让妈妈生气，却犯一个更大的错误让妈妈真的生气了，是不是不划算？"我分析给他听。

"妈妈听了假话会生气，妈妈生气了，那……"他咧着嘴睁着眼，做了一个很恐惧的表情。

"妈妈很傻的，听了假话会信以为真。结果发现不是，当然就受不了啦……"

他听了，突然难为情起来。

他睡下了。看着他安然的没有一点儿防备的样子，想到一天的胶着，不由得哑然一笑——大人的世界果然草木皆兵，诸多的猜测，都缘于自己的"小人"之心——孩子的差别心？从何谈起呢，无非是直来直去令我们不快乐而已。

他的假话、他的抵触，也只是应付学业的极端压迫。

当一心想要玩耍的孩子不得不面对作业时，笛笛的态度也许算温和的。

血缘与亲情无法合一

端午节前，爸爸妈妈出门办事，笛笛在奶奶家待了两天。

等我们接回他时，他神情闪烁，心不在焉，答非所问。吃完端午节的晚饭，送奶奶回村，他甚至一反常态，提出要住在奶奶家。

他是多么喜欢和爸爸妈妈在一起啊。

后来才知道，是生母来看望过他了。我这才想起，我可爱的孩子还有另一个母亲。一时间有些迷茫，再看笛笛时，觉得与他隔着一层玻璃，能看见，却不够真切。

生母并不经常出现，因此出现一次便是大事。笛笛幼小的心灵一定充满了迷茫与惶惑，尤其是面对我时。想到这些，我内心一阵酸楚，血缘与亲情无法合一，正是我俩共同的遗憾啊。

终于到了周末，这天我备好早餐，就赖进笛笛的小被窝儿。

"宝宝，你从前的妈妈来看过你了？你很喜欢她是吗？"这个话题是艰难，但是不提，它就是笛笛独扛的秘密，太沉重。说了，又词不达意。

他不知如何接话，伸手抱着我，我也抱住他。见我一直等着，他才勉强一笑说："是的，有一点点喜欢。"

刮了一下他的小鼻子，我说："对啊，喜欢不用藏着，跟妈妈分享不是挺好嘛。以后我有什么小秘密也告诉你，好不好？"

"好的，妈妈。"他说，笑容里有了一丝轻松。

我俩拉钩，商量着如何共度周末，他慢慢恢复了常态。

带他去看望外公外婆。到了小区楼下，笛笛突然问："我们不进去好不好？"

"不好吧，那可是妈妈的爸爸妈妈。"我望着他，希望他讲点义气。

"妈妈去吧，宝宝就不下车了。"他，竟然如此回答我。

想来内心的隔阂并不容易消除。我只好说些别的，告诉他把小朋友单独留在车上是不安全的，还有，如果我们不进去，外公外婆会感到孤单。他才勉强下了车。

见到老人，他一改往日活泼的状态，变得斯文和局促。

我不高兴了，我很生气

在外公外婆家做了短暂的停留，我们回到不远处的旧居。

慢慢地，他恢复了快乐的样子。

在电视上看到一种拼图，便缠着妈妈要买。"这种拼图在哪里买呢？"妈妈的榆木脑袋显然不够用。

"超市啊。"笛笛回答得快速而果断。

"超市不见得有这个品种啊。"小城市物流不发达，以我的经验，拼图超市里肯定有，品种却不可能齐全。

"我们可以一家一家去找。"笛笛有大无畏的精神。

啊！妈妈开始冒汗了。

"我就要，就要，就要嘛！"他使出杀手锏，冲上来搂住我的脖子摇晃。

我急中生智想到淘宝。自从用上了淘宝，我的消费再也没有现场，家里所需的一切妥妥地从远方寄来。我给他保证："放心吧，老妈从网上买，保证要啥有啥。"

该吃午饭了，我问："宝宝想吃什么？"

"我想吃果冻饭。"认真想了想后，他说。

"果冻饭，果冻饭是什么样的？"我忽然有些发懵。

硬着头皮，带他到那家奶酪时光——我心目中最有潜质的饭店。哪知老板也尖叫起来："果冻饭？孤陋寡闻、孤陋寡闻了，开饭店这么多年，不知道果冻饭是啥。"

从老板扼腕的样子可以想见，世上根本没有叫果冻饭的东西。我只好把他领进寿司店，指着花花绿绿的图片问他喜欢哪种。"不，我要吃果冻饭。"他眼睛望着天空。

服务员阿姨连忙介绍说，有几款是小朋友最喜欢的呢，你可以试一试。碍于阿姨的薄面，笛笛终于点了一款，要求多加番茄酱。

我们边等寿司边下单，买了奥特曼拼图。

笛笛把"果冻饭"吃得特别香甜。一小时后，我们回到县城的居住小区。笛笛说话了："我们去门卫那儿拿拼图吧。"

"拿拼图？我们刚刚下的单，哪有这么快！"我漫不经心道。

"妈妈不是说快吗？怎么还没到，我不高兴了。"他不依不饶，把嘴噘得老高。

见我脸上挂不住，他加了一句："我很生气，快递这么慢！"

爱丢袜子的小孩儿

上周的某天，笛笛穿回了两只不同的白袜子。

惊异之余，暗暗发笑。我每天早早出门，留下的父子俩怎么穿衣、何时上学，我并不清楚，能穿上两只不同的袜子，想必是两人同时犯糊涂的结果。

两天后的早晨，洗衣服时发现少了一只小袜，便满屋子地找。笛笛跑过来："妈妈，那只袜子没有了。"

"没有了？怎么没有了？"

"在幼儿园，午睡起床的时候。"

"哦……"似乎明白了那两只白袜是怎么回事。

向笛笛传授做人的小小经验——袜子脱下要放在固定的地方，别丢三落四的，也不要得过且过，见不着了就找找。

"妈妈我知道了，您放心吧。"对妈妈的唠叨，笛笛有足够的耐心，响应也很积极，回答得嘎嘣脆。

那天下班到家，笛笛就掏出一只灰色小袜交到了我手上。神情淡泊从容，仿佛只是做了一件寻常的小事。我按捺下满心的欢喜，告诫自己不要对孩子的成长大惊小怪。

可是昨晚，笛笛变了。不管我说什么，都不再管用。

吃过晚饭，爸爸上楼临帖去了。我收拾好碗筷走进客厅，笛笛腻在沙发上看动画片，两条腿或翘或盘，正在变换着姿势。不禁想，享受真是人的本能，如果有谁不信，来看看这位五岁的宝宝。只是脚上还穿着帆布鞋，离舒适终究差了一步，便叫他快去换双拖鞋吧，脱了鞋子盘腿更舒服。

他面无表情地看着我。

"叫你换鞋呢。"我重复了一遍，他仍然无动于衷。

"你是没听见，还是故意不听？喂，喂……"耐着性子，看着呆若木鸡的他，心想那个灵巧积极的孩子跑哪儿去了。小事不小，往往是变坏的征兆，五岁男孩要是突然逆反起来，会让人招架不住吧？

我开始担心。徘徊到餐厅做一些无关紧要的家务，并在心里琢磨，对于充耳不闻怎样开导才不会招他反感。

这时笛笛从沙发上跳下，冲到我跟前，转着眼珠，拿眼睛的侧光在我脸上扫来扫去。挑衅？心里咯噔一下，为了避开正面交锋，我回瞪他一眼，作失望状："把妈妈的话当耳边风，伤心哪。"便自顾自上楼看书去了。

他杵在楼梯口。听着他不甚愉快的呼吸，我把这场突如其来的冷战前前后后思量了一遍，失望地得出结论——笛笛变了，翻脸比翻书还快。俗话说，三岁看大七岁看老，我的防线不由得加固了。

过了许久，笛笛终于一步一步蹭上楼来，在书桌边坐下。鞋，没有换。

我终于生气，霍地站起身，走了。

去阳台把衣物收进卧室，一件一件折叠整齐，放进衣柜。然后在房间徘徊，心想对小朋友这种不分好歹的抗拒，要怎样做才不会矫枉过正。我的样子，有点儿像热锅上的蚂蚁。

当我再次回到书房时，笛笛正望着我，怯怯地说："鞋……鞋换好了。"对这种软硬兼施、不懈斗争才收到的效果，我是不稀罕的。我自顾自看书，没再理他。

今天早上，照例又洗衣服。一只小袜怎么也找不到了。想起了什么，我冲进房间，问正在醒来的笛笛："昨天的袜子少了一只，是不是丢在幼儿园了？"

笛笛抿着嘴，把脸埋进枕头，等待一场暴风雨。

"傻孩子，只是丢了一只袜子……"

笛笛飞快地转过头来，一脸无辜："是的，它不见了。"

"还瞒着不说，情愿让妈妈误会？妈妈一直生气，宝宝一直害怕，多不划算啊！"我的心里打翻了五味瓶。

笛笛笑了，笑得自在极了。

不可理喻的麻烦女人

自从把丢袜的事说开，笛笛便恢复到原来的样子。扯着妈妈使劲撒娇，或者跟前跟后的，不论你在做什么。

公司的事务又繁忙起来，于是这个周末变成了工作日。下班到家，他喜滋滋地跑来给我开门。

给妈妈开门，是最近才学会的。门里面有张期待你的小小笑脸是件很幸福的事。即使妈妈百般刁难他，使他凡事不能尽兴，他也完全不计较，仍然期待你回家。

那么妈妈是什么样的呢？

妈妈是那个喜欢吆五喝六的人。

比如吃饭时，见他慢条斯理，妈妈就会催促，快点儿吃完看动画片、吃好了好长身体，还有，别总是吃白饭啊，鱼和肉也要吃！他总是捂着碗，不让妈妈给他添菜，像保卫祖国和母亲那样。妈妈不开心，挪开他的小手，往里面塞进几根菜或者一块肉。

洗碗的时候，他来看热闹，羡慕妈妈能堂而皇之地玩水。小脸儿伸在妈妈的胳臂和门框之间。"别过来，会撞到你。"妈妈转身之际的吆喝，吓得他往后一缩。

哎哟，别啊，拼图怎么乱成这样，快拼起来，别散着；瞧这些积木……

在笛笛的心目中，我一定是不可理喻的麻烦女人。我，代表着约束和规矩，有刻板的标准和波动的情绪，是个难搞的顽固派，总弄得人家云山雾罩地找不着北。

拿上次的袜子事件来说吧。好好一件小事，这个妈妈，硬是把它变成了关系原则、成长的大事件，如临大敌，摩拳擦掌。这说明大人的世界杯弓蛇影、暗无天日，甚至阴森恐怖。

总是在人家画画儿正酣的时候，叫人家去泡澡。又总是在人家泡舒服时，让人家出来穿衣、上床睡觉。好麻烦的女人。

看着他捐弃前嫌、没心没肺的样子，我暗自为"母亲"这个身份感到尴尬。

因此想，如果"责任"是一潭水，在里面游泳还是在里面挣扎，是截然不同的局面。

请问你叫什么名字

老师在朋友圈发了一组照片——孩子们书写自己的名字。写得大多歪歪斜斜、布排无序，却自有一派大朴不雕的气象。立即截了图，发给爱人。

笛笛的扁桃体动不动就发炎，经常头疼脑热的，诱发了咳嗽便会半个月不清爽。次数多了，怕影响到免疫力，为了调养身体，爸爸最近没送他上学。于是我对幼儿园的动静格外关注，生怕他掉了队。

傍晚到家，笛笛热情地把我迎进家门，迎上楼，请我坐下。然后抽出一张白纸，拿过一支铅笔，一笔一画写起字来。笔顺错综杂乱，所谓横平竖直也没有被重视，歪歪斜斜的。当三个大大的专属汉字出现在纸上，我一看，最上方丢了一撇，有一个点的方向也反了，可是，并不影响辨认。

腰杆挺直的他，此刻目光炯炯、鼻翼翕动，对自己的本领很是兴奋和自豪。只见他抿着嘴，眼睛亮晶晶地看着我。

"这是什么字？"我明知故问。

"程笛笛！妈妈，我会写自己的名字了。"他兴奋地说。

"哦！宝宝会写自己的名字了！可是这三个字，你准备怎么用呢？"妈妈总是喜欢顾左右而言他。

"你好。我叫程笛笛，请问你叫什么名字？"笛笛即刻将身体微微前倾，右手先是抚胸，随着话语的变化，向前方伸出去，停在了半空中，做出一个"请"的姿势。

好一个"PK"的姿态。如果假想中的小伙伴答不上来，他便占了上风。看着专注于表现的他，我不禁琢磨起来——一个五岁的孩子，终于认领了自己的名字，并正在赋予这个名字以人格，使它鲜活，使它变得有意义。

"你好，请问你叫什么名字？"他再一次追问，仿佛对方已经被他的气势所镇，支支吾吾，正慌乱地搜肠刮肚。

"我叫程笛笛。"只有今天的自我介绍，给他带来了底气。它再也不是虚无缥缈的语音模仿，而是落地生根、抽芽拔节了。

"知道吗，从今天开始，你是你自己，不再是无数宝宝、无数小朋友中的一个了。恭喜你从人群中独立出来了——程笛笛。"我甚至开始想象，他会逐渐把这个名字放大，即使不是声名鹊起、如雷贯耳，也能使人无法忽略。

"是的，我就是我，我是程笛笛。"

天底下最好的姐姐

自从姐姐放暑假回家，笛笛就多了一份复杂的表现。

身体明明前前后后地跟着，嘴里却以嘲笑的、嫌弃的口吻"骂"姐姐："姐姐是个坏姐姐，姐姐笑话我，姐姐说我不乖……"一家人坐下来吃饭，他也这样絮絮叨叨个没完。

姐姐很享受弟弟的挑衅，挑眉眯眼地哼哼，并不作任何辩解。暧昧的态度无疑助长了弟弟的邪性，他越发得意了，变本加厉地指责她："姐姐不听话！""姐姐是臭屁姐姐！""姐姐不好好吃饭！"……不肯罢休。

我不禁想，男孩子是不是天生喜欢捉弄女生？好多天没上学，在家寂寞，便把异性之间天然的相爱相杀投向自己的姐姐，可见他的移情能力有多强。有时又犯糊涂，他满嘴跑火车似的调侃，到底出于什么动机。

可是今天吃晚饭时，他突然变了。

边吃饭边看着姐姐笑。姐姐还以其人之道："对着我笑啥？我是个坏姐姐。"

"不可能！"笛笛掷地有声，"姐姐是天底下最好的姐姐！"

单数和双数

老师在微信里说，今天教了单数和双数。

这个学期，笛笛已经升到幼儿园大班，老师已经在有意识地教知识，给小学打基础了。我担心笛笛不能消化，对于数字这种无厘头的归类，他一定相当迷茫。

下班到家，笛笛正在看电视。招呼了一声之后，我径直走进换鞋间，踢掉脚上那双累人的高跟鞋。这时笛笛应声就跟过来："回来了，妈妈，我好想你哦。"

"是吗宝宝，妈妈也想你。"明白他是哄妈妈开心，便欣然配合。

"我也换鞋。"笛笛受妈妈启发，对着那一溜五彩缤纷的小鞋子弯下腰去。

"宝贝，今天在幼儿园还好吗？"

"还好吧。"他答得有些含糊。

"老师有没有教你新知识？"我显然是个急性子。

"是的，什么单数，单……"

"和双数，对不对？宝宝听懂了没？"

"不知道，宝宝不是很懂……"这时，他已经穿上了一双透明果冻鞋。

我趁便问道："宝宝穿了几只鞋子哦？"

"两只啊。"说完转身准备走。

"等等，"我灵光一闪，叫住他，"两只鞋是不是一双？"

他诧异地看了看自己的脚："是一双鞋子，妈妈。"

"宝宝来看一下，自己一共有几双鞋子？"

球鞋、板鞋、拖鞋和凉鞋，红的、蓝的、绿的，总共有七八双之多，笛笛一看乐了："妈妈，我有这么多鞋子。"便一双一双数了起来。

数完了，又让他一只一只地数。好家伙，居然数得一个不落。

"看，两只鞋子是一双，二就是双数。四只是两双，四就是双数。宝宝可记住了？"

"二是双数，"笛笛跟着念念有词，把鞋子两只两只地放到一边，"那三双呢，妈妈，三双是六只，六是不是双数？"

"看这一只鞋子好孤单。"我别有用心地拿出一只鞋子。

"对了，老师说一是单数！"笛笛兴奋起来。

母子俩对着那一排漂亮的小鞋子，数过来数过去，笛笛早把他的动画片忘到九霄云外去了。

但是他记住了一个概念，两个两个加在一起组成的是双数，从一个数中两个两个拿开会剩下一个的，这个数就是单数。走出换鞋间时，笛笛翘着他的手指，两个两个地掰着，琢磨着，把妈妈的话反反复复地验算、论证。

那种研究精神，我简直要相信，他长大真的能当科学家了。

想奶奶与看电视

笛笛从奶奶家回来，显得心不在焉，吃饭不像之前积极，积木也不再吸引他。

除非看电视。在奶奶家，除了吃饭就是看电视的。

他晚饭吃得特别慢，当我催促他抓紧时，他表情一黯，吃饭的声音也轻掉了。再看他时，眼圈红了，快要掉下泪来。

"宝宝怎么了？"

"……"他欲言又止。

再问，便用低哑的声音回答："想奶奶了。"

第二天，吃晚饭又是慢吞吞的，说想奶奶。心怀不轨的妈妈顿了一下说："宝宝吃好了就去看会儿电视吧。"果然，他的眼睛亮了起来，吃饭也加快了速度。

把吃干净的碗交给妈妈之后，他便去客厅，打开电视机。

待我洗好碗走过去，他看奥特曼看得正欢。我叫他："宝宝，走，我们去看奶奶。"

哪知他跑过来，摇着妈妈的手臂说："妈妈，看电视嘛，明天再去看奶奶。"

"可是宝宝太想念奶奶了，还是今天去吧。"

"电视没有看完，看完了再去吧。"

"看完是什么时候？"

"一个小时……吧。"

奇怪，看完电视他并不提看奶奶的事。

要说真话，说实话

最近笛笛又有反复，善于为自己开脱。

作业不会，会说"老师没教"。叫他没反应，问他为啥，他会说妈妈没叫啊。再问，他就改口说，是妈妈叫了宝宝没听见。

不准撒谎！不准为自己找理由！被逼无奈，我下死命令。

并趁他开心时提醒："要做诚实的小朋友。你小，有些事不明白、做不好是正常的，可是不会却说会、没有说成有，就是大问题了。"

"说实话妈妈会不会骂我呢？"他一脸诚恳地问。

"说实话，妈妈才知道怎么帮你。即使是做错事，也只是小批评，撒谎一定是大批评，你要哪一种？"

"那还是要批评啊？"

"妈妈知道宝宝很多事是因为不会，这不是你的错，妈妈怎么会批评你呢。再说了，妈妈其实每天都想表扬宝宝呢，给不给机会？"

"好吧，我会让妈妈表扬的。"他似乎有了信心。

"对了，说话的速度慢一点。每次回答妈妈前想一想，这句话有没有不诚实的成分，有，就不要这样说。要说真话，说实话。"

"哦,知道了。"又回答得嘎嘣脆。

反复几次后,他的"脱口秀"真的就少了。

降鬼大作战

为了防治吃饭慢,见他扒进一口饭便表扬:"宝宝吃饭最快了,可不是一般的小鬼呢。"

"我心里有个小鬼。"不想他接出这么一句来。

"什么,心里有个什么?"我不信他能说出什么大道理来。

"心里有一个鬼,还有一个正义,正义把小鬼打败。"笛笛竟然说出这么一句。

"什么,你心里面吗?"我不相信。

转念一想,每个生命都有他独特的一面,没准儿这个不着调的娃有一个深刻的灵魂。我起了贪念,继续问:"有没有拖延鬼、懒惰鬼、骗人鬼、爱看电视鬼、不爱读书鬼、不爱吃饭鬼呢,你有吗?"

"全部都打败!"笛笛像久经沙场的将军,一挥右手,仿佛令旗挥下去。

"好吧。现在就把不爱吃饭鬼打败!"我是将军他妈,代为下令。

"好的。"他应声就扒起饭来。

"我们还要把爱看电视鬼抓住,不让它乱来,好吗?"饭罢,我又添了一句。

"好！"笛笛特别响亮地回答，仿佛要把妖魔鬼怪全都镇住。

乐于为大人效劳

需要做笔记，我扯大嗓门问楼下的爱人，练习簿在哪儿？

笛笛应声而起："我知道。"说着便冲下楼去，片刻拿了两个新本子给我。我一看，竟是他自己备用的数学簿和汉语拼音簿。

"谢谢宝贝，妈妈要的是一种'练习簿'。"

"爸爸，"他闻言朝楼下大喊，"妈妈是要练习簿。"

说完，转身就要冲出，忽然一转身："妈妈，把你的本子给我。"拽过我手中的旧本子，他飞也似的奔下楼去。

张着空空如也的手掌，我愣了半晌。

这个小男孩长大了，为了做好一件事，居然知道"获取范本"了。

更重要的是，越来越风风火火的他，是多么乐于为大人效劳啊。

我的耳屎好大啊

笛笛的耳朵里有颗大耳屎。去年奶奶发现时就通知我们，要尽快清理掉。

于是特地从网上买来发光的耳挖子，谁知笛笛护着耳朵，像保命似的不让碰。没办法，只好去医院。坐在五官科的椅子上，当医生走过来时，我的宝贝就开始饮泣。当医生照亮耳朵想要察看时，他彻底崩溃，大声哭闹起来。

医生吓得往后一退："这么大的情绪，还是另请高明吧。"母子俩只好夹着尾巴回家了。

时间一晃过了大半年，两个大人一合计，说今天怎么着也要解决。因为妈妈失败过，便换了爸爸来谈判。只见爸爸轻言细语地说了一番道理，笛笛脸色变得凝重；爸爸又说了什么，笛笛开始点头。等他转过脸来，眼眶里闪着泪光——怀着无尽的恐惧和憋屈，他答应了。

"笛笛是最勇敢的，打针那么疼都能不哭，比别的孩子不知道勇敢多少倍。掏耳朵是小菜一碟，不用担心。"我没夸张，上次看气管炎，做皮试多疼啊，他硬是没吱声，事后还淡定地看着同龄的孩子哇哇大哭。

笛笛没有应声。去医院的路上他一直沉默，情绪绷得紧紧的，仿佛一放松就会哭出声来。

这次面对医生的镊子，笛笛真的拿出了男子汉的勇气。

从医务室出来，他快乐地向我们比画："我的耳屎那么大，真的好大啊！"像是一个有经历的人，表述一件寻常事。

"妈妈一定闻到我耳朵里的臭味了。"人一轻松，说话也幽默起来。

快递、国土与才子

随着网络日益兴盛，网购成为家庭消费的重要途径。你只要在网页上点击购买、付款，便可坐等快递小哥将物品送到手上。即使你不在家，也能送达小区的收发室。这极大地节约了大家伙儿的时间和精力。

取快递，便成了日常生活中一个必要的环节。

网购的纯净水桶到了，同时到的是一套洗衣物用的刷子。傍晚，和笛笛散完步回到小区，在收发室找包裹。笛笛像个好把式，一把搂过那个小的，当我拎起水桶箱的时候，他抢上前一步，我连忙闪过一边："这个箱子大，妈妈拿，让妈妈拿。"

"不，让我拿。我能拿！"他热情高涨地腾出一手来接。

"不行，两个箱子加在一起太大。"

"我能拿，真的能拿。"笛笛坚持。

"嗯，跟你换一个。看，这个大的比你人还宽，能拿它已经很了不起了。"面对笛笛执着的勤劳勇敢，我只得退一步。

"不！两个都给我，我是男子汉。"

在收发室相持不下，当班的大叔在一旁看着，嘴都笑歪了。

"妈妈，我能行。把小的放在大的上面。"当妈的太扭捏，小男子汉直接吩咐。

按他的意思，把两个纸箱堆叠好，他挺着胸脯托着，雄赳赳地步出收发室。见我还不放心，他用胳膊肘夹着大箱，举着两个手腕朝我示意，表明他的能力绰绰有余。

小区主干道的左边一辆接一辆泊满了轿车。听到身后有汽车驶来，我示意笛笛闪到路边。昏暗的路灯下，一辆车闪着灯光过去了，接着又一辆从我们身边驶过。

"他们还以为我是送快递的呢。"走出汽车间隙的时候，笛笛得意地笑了，仿佛真的有了社会身份。

望着自信满满的他，我忽然明白，努力是为了获得肯定。"哪里来了这么帅的快递小哥？他们一定这么想。但是宝宝，给妈妈拿吧，该拿不动了。"我趁兴打趣之后，还是想接过箱子。

"不用了妈妈，我工作得太轻松了。"他眉飞色舞。

"知道吗？快递小哥是最勤快的人，每天要见很多人，跑很多路。"我开启聊天模式。

"你好，我是送快递的。"他学舌之后接我的话说："九百六十万。"

"什么，九百六十万？你要走这么多路吗？"我惊诧地望着他。

"老师告诉我们的，我们国家有九百六十万平方公里。"原来是今天学到的新知识，正好用来回答路途的问题，虽然他对面积和长度还不能区分。

"如果长大不送快递，我就，我就……"他一时想不起还能做什么。

"笛笛的能力绰绰有余，当然可以做更大的事。"

"我要做有才华的人。"他忽然说。

"男孩子有才华，在古时候叫才子。你就做江南才子吧。"妈妈喜欢无厘头地调侃。

"不，我要做中国才子。我们国家有九百六十万平方公里。"他认真地说。

抢床大作战

笛笛在奶奶家待了两天，有不想回家的迹象。当妈的不免一头雾水，难道彼此不再亲密无间了吗？奶奶的解释是："在家是自己睡小床，在这儿是我陪他。他不喜欢一个人睡觉。"

原来电视只是原因之一。我心领神会，很快他就尝到了睡大床的甜头。

后来的每天，他都向我争取："妈妈，我还想睡大床……"

"好吧。"刚开始，我答应得都挺干脆。

再后来，老奸巨滑的妈妈植入了一些别的东西："今天作业完成得不错，笛笛可以睡大床。"或者："吃饭很快速，可以睡大床。"……这些使笛笛感觉如果表现不佳，就会与大床失之交臂。

于是没过几天，每当洗澡时，他都会紧张地问："妈妈，我今天睡大床还是睡小床？"

我假装思索的时候，笛笛都会紧张得屏住呼吸，洗澡也越来越配合。

那天笛笛问："妈妈，今天早上我怎么睡到小床上去了？"

"是吗？妈妈不明白啊。宝宝为什么要睡到小床去？"

"一定是爸爸把我抬到小床去的。"他认真地分析。

"也许爸爸觉得床挤了。"我开始替他放洗澡水，"来吧，准备洗澡了。"

"好的！"笛笛快速回答，把我吓了一跳。他接着说："赶紧洗澡，抢床！"

"什么，抢床，怎么抢？"

"爸爸睡觉就不让我睡大床了，他怕挤。"他认真地说，并迅速解开钮扣。我的动作也不由得快起来。

"洗好就上床睡觉。"他果断地说。

就这样，晚上在大床上进入梦乡，早上从小床上醒来，笛笛过了一段舒心的日子。

这天，为了惩罚他动不动就往地上趴，我没同意他睡大床："等你不往地上滚了，再睡大床吧。"笛笛灰溜溜地走向小床，哀怨地一步三回头地望我，见我不为所动后默默地爬上了小床。

第二天晚上，作业完成得特别棒。我为茶水箱装水，连接水管的时候，他蹲下来围观了一会儿就玩积木去了。没一会儿他折回来，用沉重的语气问："妈妈，我今天睡大床还是睡小床？我今天睡……"身体左右扭动着，低着头，眼睛从上眼睑下透出光来怪怪地扫射我的脸庞。

察觉到这次的不同："睡小床吧，睡了好多天大床了呢。"

哪知他不吵不闹，仍然站在原处："今天不能睡大床了，呜呜……不能睡大床，真是伤心哪……"

他夸张地表演着，誓要将撒娇进行到底，同时观察着我的反应。"今晚真的不能啊？妈妈，是不是因为我刚才看茶桌的时候，不小心跪到地上了？"

原来是追悔刚才的某个动作！他悲从中来："那么，我真的不能睡大床了，不能睡大床了，我不能……"

念了 N 遍之后，我终于意识到，如果不松口，他便会永恒地念叨下去。于是我找台阶道："好吧，今天书背得快，算术又做得好，妈妈破例，让笛笛再睡一次大床。"

"耶！我可以睡大床喽！我可以睡大床喽！"他迅速兴奋的模样，直让人悔青了肠子。

无处不在的隐身草

笛笛精力充沛，只要有一丁点儿工夫，便要拉人一块儿玩耍。这不，在大人聚会的当儿，无所消磨的他不依不饶，要妈妈跟他捉迷藏。

捉迷藏？这个餐厅虽然很大，却是一目了然，没什么好藏的。假如躲到外面去，整个农庄着实太大，既不可控又消耗体力。我把头摇得像拨浪鼓。

他不肯，使劲拉妈妈的手臂。

他的左手捏着几片植物的大黄叶子。为了转移他的注意力，我拈过一叶借题发挥："从前有个人，朋友送他一根隐身草。告诉他，只要举在头顶上，别人就看不到他……"

"真的啊！"笛笛像发现了新大陆，高高地举起叶子，跑了起来，得意地叫，"快，快来找我啊。"

望着他无所畏惧的样子，我只好假装没看见："你在哪儿，在哪儿呢？"

"哈哈，妈妈找不到我了吧。"他咯咯地笑着，返身挑衅似的冲到我跟前，"妈妈，你找我啊，看我在哪儿？"

"我怎么知道你在哪儿？你到底在哪儿呀？"我只好装疯卖傻。

"哈哈，我隐身了。"

笛笛隐身了，或者说，他自以为隐身了。当他再次跑开，一览无余地躲在"隐身草"下乐不可支时，我却开始发愣。

这，多么像一个警世的譬喻。

举着"隐身草"便自以为隐身，便能隐瞒那些不愿暴露的东西——这不是成人世界时常上演的戏码吗？

你看，形象工程是欠发达的隐身草；马路边高大的广告牌，除了宣传功能，还恰巧遮蔽了背后的杂乱无序。现实交往中，那些觊觎、滋扰和捆绑，都打着"对你好"的招牌；诸种推诿、退缩和怠惰也总有"客观"的原因，使隐身草的形式越发新颖。组织内部，天才们逃避和推搪责任时，那么理直气壮，一推六二五，他们的隐身草异常健硕。

莫名增长的数据、长篇累牍的颂扬，会不会是浮夸、贫乏、无为甚至无道的隐身草？

人性和道德，也时常成为隐身草……

面对隐身草，我们，往往只能装疯卖傻。

如此说来，隐身草其实无处不在，甚至是通天的处世之道，一个万试万灵的障眼法。只要想开脱自己、欺瞒他人，便会自觉不自觉地祭起它的大旗。

　　就像一个无邪的孩童，举起它，便能无所畏惧；举起它，就可挑衅欺凌。

　　由于笛笛闻风而动，妈妈没来得及告诉他，《隐身草》其实是古代的一个笑话，故事的主人公最终被痛打了一顿，成为千古的笑柄。

手机游戏的魔力

　　最近，笛笛随爸爸妈妈去外面吃饭的时候，有一个新动向——玩别人手机。谁要是跟他亲近，他便会说"借我看一下"，手已经不由分说控制了对方的手机。吃饭也就变得敷衍了。

　　我们决定尽量不带他去外面吃饭。有推不了的饭局，就由爸爸单独参加，我们俩则在家里平静地用餐。少了爸爸的威严在侧，笛笛往往更加调皮可爱，像"抢床"这样经典的对白，往往产生于我们两人相处之时。

　　但他与小孙叔叔的相处，却完全换了局面。

　　小孙是一位中年男子，照顾过幼时的笛笛，彼此感情深厚。这次他专程来探望笛笛。

　　小孙有部智能手机。笛笛和他腻在一起的时候，都会拿他的手机玩耍。他告诉妈妈："我和小孙是好朋友，我们很铁的。"

"叔叔是长辈，得叫小孙叔叔才好。"妈妈始终这么严谨。

　　"不用了妈妈，我们是好朋友，叫小孙就行了。"笛笛很认真地回应，小孙叔叔在一旁笑。

　　爸爸妈妈有事要去杭州，便把笛笛托付给小孙。叔叔当然没有问题，笛笛却欢呼雀跃了。见我疑虑，笛笛安慰道："没事的妈妈，您放心去吧。"转身便玩手机游戏去了。偶尔，小孙建议笛笛换一个方式消磨，他也乐意接受。想必他们有什么约定，我想即使有约定，也是围绕能不能玩手机这个条件。

　　这对老"搭档"平安快乐地度过了一天一夜。第二天傍晚我们到家时，映入眼帘的正是那个经典场景——笛笛捧着手机使劲戳。

　　小孙要回自己家了。早上送他出门时，笛笛忽然意识到什么，急切地返身抓住我："妈妈的手机也要给我玩儿。"爸爸喝止："不行。只有小孙叔叔来时，才能玩儿。"小孙叔叔仍然微笑，并不给他一丁点儿支持。

　　笛笛顿时陷入沮丧。

　　微信圈流传过一个段子——要毁掉一个孩子，就给他一部手机。从笛笛的反应看，手机确实有这个魔力。

　　傍晚，开开心心看动画片的笛笛被叫过来吃晚饭。刚坐下，他忽然切换了状态："妈妈，我想小孙了。"说完哀怨地望着我。

　　我淡泊地应道："妈妈知道了，宝宝是有情有义的孩子。"

　　笛笛重复着那句台词，并开始掉眼泪。我打岔说今天的饭菜真棒，快吃吧。他于是开始哭，我动手给他夹菜；他加大了哭的力度，我只能告诉他："叔叔有自己的家，要回家照顾姐姐。等他有空了，会来看你的。"

"我还是想小孙，我想小孙，我想……"他开始没完没了，说明妈妈的劝慰没挠到痒处。

没辙了，我埋头吃自己的饭。

笛笛哭，我吃饭。

笛笛哭个没够，我的饭却吃完了，我跟他说："妈妈有些事情要处理，先上楼了。你吃好饭自己上楼吧。"笛笛闻言大声哭起来，不可扼制，令我上楼的脚步在拐弯处顿了又顿，最后我狠心地离他而去。

我知道，今天的情绪不是一般的情绪。

我在小书房调琴弦。笛笛的哭声渐渐弱下去，慢慢听不见了。当我把琴弦调好，远远传来金属汤匙撞击瓷碗的声音，听起来那么有节奏，且越来越快。我不禁好奇，蹑手蹑脚地跑到楼梯口张望——他吃得痛快淋漓，像一个争分夺秒的人！

我回到自己的座位，安心地弹曲子。不一会儿，笛笛跑过来了，用轻松的口气说："妈妈，我吃完了。"

"好的，笛笛真棒。听妈妈弹琴吧。"我望着他说。

"妈妈弹得真好。"他殷勤得仿佛换了一个人。

弹完一首曲子回头望，笛笛正抱着我的手机在掐。掐着掐着，他还懊恼地小声说："怎么没有游戏！"

又弹完一曲时，笛笛用双手挤着腮帮，变形的脸上，写满了痛苦和煎熬。

我知道，他是在跟手游的瘾头对抗。

母子间的默契

爸爸出差了，于是笛笛不用抢也能睡大床。由于得意，他仍然喜欢在睡前问："妈妈，我今天睡大床还是睡小床？"

答案是肯定的。他每次都作惊喜状，喜滋滋地爬上大床，三下五除二地扒掉衣裤，鲤鱼一样摆着双腿拱进被窝儿。

这天他洗完脚，又问正在搓毛巾的我："妈妈，我今天睡哪个床？"

我突然对一成不变的回答生厌，促狭地说："今天睡自己的床吧。"

"那么妈妈，你一个人睡大床不孤单吗？"他说完故作委屈状。

"妈妈不孤单呀……宝宝睡小床孤单吗？"

"我觉得孤单！"他无奈地摊开双手，耸肩。

"哦，宝宝怕孤单啊。"我漫不经心地应了一声。

他默默地走出了卫生间，没有说话，更没像妈妈想象的那样跳起来抗议。

收拾完一切才发现，他早已"孤单"地睡进了大床的被窝儿。听见我跨出卫生间，他骤然一下把被子捂紧，但咯咯的笑声仍然传了出来。

有我在，妈妈不用怕

最近，笛笛的外衣总是黑乎乎的。

经过观察，原来这个五岁半的家伙，玩耍的方式与众不同。动不动就冲出两步，膝盖猛然着地，借助惯性滑行出去，享受速度带来的快感。当然还有其他动作，都是大幅度与地面亲密接触的。

我们警告他，注意安全，不得伤着自己。他总是乖乖地说"好的"，可是膝盖仍然磨出了厚厚的茧子。

再端详，发现他的体格明显硬朗了，精神气明显地壮大。

饭后散步是笛笛喜爱的活动，虽然时间有限，活动范围也不大。今天我们刚出门，笛笛就说："妈妈，黑的地方你别怕，我会保护你。"

"太好了，妈妈最怕黑了。可是你还小，怎么保护妈妈呢？"我作惊喜状。

他不像开玩笑："放心吧，我保护人的样子很凶猛的。"

我们俩一直往前走，围绕拐弯处的花坛转了两圈，便往右进入较窄的、树木较密集的人行道中。这时，笛笛用很大力的脚步走路，咚、咚、咚。

"你干吗跺着脚走，累不累啊？"愚笨的我不免好奇。

"知道吗，坏人就怕这么大的脚步声，他们会以为是警察来了。"他继续咚、咚、咚卖力地走着。

又回头告诉我："知道吗，大力士都这么走路。"

"大力士？哪里的大力士？"

"钢铁侠里。"

"妈妈是大人，你为什么还要保护？"

"可妈妈是女生啊。女生胆子小，需要我们男生保护的。有我在，妈妈不用害怕。"他昂首挺胸，继续咚、咚、咚向前走去，认真地履行着保卫的职责，为自己浑身的力气找到了正义的途径。

我长大了要当科学家

笛笛最近总说："我长大了要当科学家。"

问他为什么要当科学家，他会说："科学家很了不起的。"

你若再问："为什么了不起？"

他才绘声绘色地告诉你："世界上所有的东西都是科学家创造的。地球上先有科学家，他们把所有东西创造出来后，才有了我们人类。"

当你望着他发呆时，他会坚定不移地说："真的，科学家创造了人类。"

我不禁在脑海里搜索，依此推断，科学家相当于人类的妈妈，那么科学家从哪里来？当我望着我家的准科学家时，一个疑问又蹦了出来："科学家不是妈妈生养的吗？那么，科学家的妈妈是什么物种？"想到这里，我不由得张大了嘴巴。

好在准科学家只是假想家，否则我将无法面对。

我当然不需要真的面对，只是暗暗佩服眼前这颗小小的脑袋，这个五岁半的脑袋，已经越过"我是怎么来的"这个几乎每个孩子都要提的疑问，直接思考地球的发展和人类的起源了，还抽丝剥茧得出了结论。

遥想当年，我也没走寻常路，也没问那个让爸爸妈妈尴尬的谜题，而是直接推断出大孩子生小孩子，哥哥和姐姐生下了自己的弟弟或妹妹，只是没想通为什么要有爸爸妈妈。想到自己万事都依赖爸妈，所以一直憋在肚里不敢问，那阵子别提多迷茫了。与笛笛的探究相比，显然不值一提。

一切宏大的命题，都需要强大的逻辑和不懈的探索，都要求面对它的人，不断地去推演和验证。眼前这颗小小的脑袋里，究竟还有多少谜团呢？

超级电视迷

转眼十二月了。

这天笛笛不上学。爸爸接待客人或工作的时候，他便在楼下看电视。我下班到家，他已经看得云山雾罩、如醉如痴，同时还咳嗽起来。

妈妈总是扮演终结者。听到咳嗽声，便要带他下楼去走走，散散身上的寒气。笛笛不干，在他心中健康问题远没有电视重要。我跟他好说歹说也不管用，他始终不肯关电视。

见我四处寻找遥控器，笛笛就把它藏在身后。我揽过他的肩，摁下他手中遥控器的关机键，电视关了。他按开机键，电视又开了。

我终于忍无可忍，夺过遥控器便走，走的同时又按下关机键。

笛笛飞快地跟上来，要夺。夺不了，便杵在我跟前，好似两军对垒。我放下遥控器转身去淘米，他拿起来便往客厅跑。

我再夺过来时，便毫不客气地将它扔进了垃圾桶。

笛笛发现情形不妙，黑着脸杵在我面前，我则沉默地望着他。良久，他转身回到客厅去了。

一阵沉寂之后，慢慢地，传来了饮泣的声音。

笛笛一定在想，怎么遇上这么厉害的妈妈了呢？

不，我长大了

我们没有隔夜仇。一切不愉快，都能在次日来临前消失得无影无踪，即使是看电视这样的大矛盾。

一切该咋样还咋样。可以说，大多数时候，笛笛是愿意在大人的指导下行动的，关键在于你是否关心他，并信任他的能力。

这天洗完脸，他便抢着打洗脚水。我说："水太重了，容易打湿自己，让妈妈来吧。"

"不，我长大了。"笛笛倔强地挤开我，把盆放在高高的洗脸池上装热水，然后使出吃奶的力气，用双臂环抱着盆沿，挺起胸脯，把盆牢牢地抱住，慢慢转身，下蹲，放在地上。同时双眼紧紧盯着水面，整个过程严谨而庄重。果然，水只是轻轻晃了晃，没有溢出来。

笛笛洗脚也很卖力。学着大人的样子，把长长的毛巾从中间对折，再对折，毛巾就变成胖胖的圆柱体了。然后使尽吃奶的力气拧出水，开始擦拭自己的左脚。

整个身体都随着那只左脚配合右手的程度倾斜起来，甚是不利索。在我的提醒之下，他坐正身体，继续擦拭。

左脚终于擦完了，他很开心，抬右脚来擦，左脚顺势放进了脚盆。

他很认真地擦右脚。

我看得忍俊不禁。他问："妈妈，你笑什么？"

"妈妈开心啊，宝宝这么能干。"这一点必须肯定。

他很快乐："是的，我也觉得自己能干。"

"可是，可是……你看看擦干的左脚。"

"呀！怎么在水里？"他吃惊地大叫起来。

表演与撒谎

我们每天陪着笛笛，大到个头，小到头发，每一丝变化都看在眼里。他每天吃饭、喝水和睡觉，都在我们的眼皮底下完成。能干了、懂事了、表达更精准了，每一点成长我们都了如指掌。

然而仍有出乎我们意料的变化，好像暗流悄悄改了走向，只有当它汩汩地从别处涌出地面时，我们才吃惊地发现，原来并不都是想象的样子。

笛笛这半年最突出的变化，一是更调皮捣蛋了，二是表演的水平上了新台阶。它们好似空穴来风，使我找不到根源，或者说因为端倪太过细微，被我一再忽略了。

上次从奶奶家回来，吃饭时演得那么入戏，抹着泪说想奶奶。小孙叔叔走后说很想小孙，说得悲从中来，哭得泣不成声。结果呢，想奶奶的良药是看动画片，想叔叔之余对妈妈的手机使劲掐。

他正在轮番试用新长出来的智慧——经过分析我得出这个结论。于是对他"不明说"的话语，我像只榆木疙瘩般没有知觉，依旧散淡天真地带着他该怎样还怎样。

很快，智慧升级成"加强版"。

外婆生病了，我长达半个月早出晚归，把他完全交给爸爸。这天终于恢复正常，我打开他的书包，见作业本被染黑了好大一块，随口嘱咐他："平时要收拾好笔，保护好本子啊。这样要是老师批评怎么办？"

他轻描淡写地回答："没关系的妈妈，我跟老师说过了。"

"你跟老师说过了？怎么说的？"我不禁好奇起来。

"我跟老师说，是爸爸不小心把墨汁弄上去了。"

观察良久，我断定："这一块不是墨汁，是你自己的黑彩笔没套笔帽染上的。"看他若无其事的样子，我继续不留情面地说："你，你……骗了……老师？"

"没事的，老师没说什么。"他安慰我。我在头脑里开始飞快地思索，爸爸是书画家，这话老师听起来竟没有毛病。

"老师是没事，可是宝贝你有事了。"我不再规避。

"我没事啊，妈妈。"他纳闷。

"你没说实话，是件不好的事。你知道吗，水彩笔的墨染了本子只是失误，不说实话却是错误了。"

他愣怔地望着我，眼睛眨巴眨巴，似有所想。

第二天晚上，他的书包没拿上楼。爸爸问："今天有作业吗？"

"今天没作业，爸爸。"他非常自然且乖巧地回答。我心里不禁疑惑：他怎么把书包放进了小房间，平时可是随便扔在客厅茶几上的？

次日正好是周六，我不用上班。陪他吃完早饭，就提醒他去换鞋。鞋子在小房间，他走进去，把门轻轻带上。看着门，我突然想到——书包也在里面。

我过去推开门，笛笛穿好了鞋子正对着书包发呆。我问："怎么了，走不走？"

"我拿书包呢。"他应了一声，扯过书包就转身。

"好的。"我应声接过书包，并不转身，而是把书包打开，拿出作业本。

笛笛催促道："快走吧妈妈。"

"语文写'月'字，数学有两面。这是哪天的作业？"我不愠不怒，用平静的语气问他。

他望着我的眼睛，我看着他，不言语。见我没有批评的意思，他才放松了神情，慢慢低下头去："昨天的……"

"来，坐下，写作业。"我不由分说，拉开椅子，示意他坐下。

他默默地坐下，一笔一画地写了起来。

写好作业后，笛笛显然松了一口气，上学路上已经恢复了常态。我问他："作业完成了，心里是不是特别踏实、特别舒坦？"

"是的，妈妈。"

"你记住这种感觉，不要再让自己处在不安的心情里。比如有作业没作业，要诚实对待，更不要撒谎。"

他响亮地回答："知道了，妈妈。"

顽劣的根源

那天早上发现作业没做，于是让他坐下，完成了才能上学。

因为算术有难度，只好把批评教育放在事后。急他之所急，先协助他扫荡拦路虎——那些不会做的算术题。

学龄前的作业，无非是植入学习的概念，形成学习的习惯。无论时机是否得当，既然来了，都是教育的好机会。作业题量并不多，难度不大却或多或少地存在，几次辅导之后，笛笛的算术思维有了明显进步，家庭作业基本上了轨道。

他对作业的态度，也渐渐改变了。

昨晚，我们一边吃着饭，一边商量："晚饭之后，你去做作业，妈妈洗碗，然后我们一起去散步，好不好？"

"好啊，好啊。算术一点也不难。"他欢欣鼓舞地答道。

看着他轻松的样子，想着前几天的"斗智斗勇"，忽然间对他有所理解——那些顽劣、那些伎俩，都源于不自信，又担心被大人责备，所以才欲盖弥彰。

不禁在心里总结：作为一个需要学习各种技能的孩子，不足之处是需要大人体谅的，假如我们吹毛求疵，无非是要把他变成一个时刻提防而越来越虚假的人。

只有大人宽容了，孩子才会坦荡。

想想今天的快乐

对上班族来说，周末才是宝贵的"自留地"。不用成天忙于公务，不必随时随刻被领导召见，不会被突如其来的各种繁杂缠绕。

果真如此吗？

理论上，对于生活安定、一切有条不紊的人确实是这样的。但对于父母年事已高须不时陪护、家中又有小顽童的家庭来说，"自留地"能否自圆其说，值得商榷。需要看时机、看各方的状态，最后还得看自身的状况。

一连几个周末都泡汤了，好不容易又挨到周末。

周六，和放寒假的女儿看望了父母与哥嫂，一天就过去了。周日一整天，终于可以在家里待着。

坐在火桶上看书，喝茶，享受真正的"自留地"。

笛笛照例承包了客厅的电视机，姐姐照例在房间里攻读雅思，爸爸则永远在画案上练习书法、画画儿。

傍晚时分，我们在餐厅相聚。端起饭碗，我不自觉地叹了一口气。

"怎么了？"三个人同时问我。

我坦白道："想到这个周末又将过去，心里真不是滋味。"

"哈哈。"女儿笑起来，似乎终于领略上班族对假期的渴望。

"妈妈，你想想今天，不就快乐了吗？"笛笛耸着肩，摆开双手轻松地说。

"想想今天？"

"是啊，想想今天的快乐，你就会很开心了啊。"笛笛的智慧来得出其不意。

爸爸在一边笑吟吟地望着我们。

饭吃到一半，想到他这句有哲理的话，不由得笑起来。

"你笑什么？"三个人又望向我。

"没什么，想到笛笛的话，我从心里开心。真的，有时候，大人的内心太纠结了，应该向小朋友学习。"

"哼，我就不向弟弟学习。"姐姐促狭地望着天花板说。

"可以啊。但是你不会觉得快乐的。"笛笛又耸耸肩，大度地回敬。

饭桌上的讨价还价

"能不能少盛一点？"最近开饭前，笛笛都要说这句话。

我当然不同意："少盛一点？你生病能不能少一点？你身体能不能强壮一点？"说完，依然故我地该盛多少盛多少。

吃饭，便成了一场煎熬和抗争。

这天，妈妈又不听劝。笛笛决定反抗到底了，一口咬定饭太多，根本吃不下。

爸爸是个和事佬，悄悄跟他说："吃不下，你不知道拿点小饼干来下饭吗？"

"真的啊？"笛笛顿时兴奋不已。那是刚才与爸爸新买回来的，好吃到令人"茶不思饭不想"，饭是多，可有了饼干就不一样了。

他冲到客厅，从茶几上抓了一大把回来，盖在了自己的饭上，然后对着满满的一大碗，得意地笑了。

结局自然是，饭连同饼干一齐干掉了。

母子同看恐怖片

笛笛和爸爸理完头发回到家，我正在看一部恐怖片。

笛笛是电视大王，见妈妈破天荒地在看电视，便坐到沙发上来。

慢慢地他挪到了我身边，与我并排坐在一起。

"妈妈，这个电视有点恐怖。"他眼睛盯着电视，用低低的声音说。

"电视电影都是人编的，假的，没什么好怕的。"作为洞明世事的成年人，自然有一种无畏的坦然，我拍拍他的肩膀。

也许起到了安抚作用，他不再出声，只是身体越靠越近，最后黏到我身上来。

电影情节不与人商量。镜头里出现了一个红衣女鬼，笛笛飞快地抓起我的手遮到自己的眼睛上。我正沉浸在情节的深渊里，与剧情呼吸与共，被他突然一抓，吓得"哇"一声叫起来。

他猛地转头看我，我也怔怔地望向他。双双发现对方还完好时，不由得相视一笑。

再抬头，镜头已经掠过了最可怕的那一幕。

"妈妈，你也害怕吗？"他吃惊地问。

"啊！谁知道呢，我是说，我不应该害怕的呢……"忽然就无法自圆其说。想到他的处境，我问他："要不，我们不要看了吧？"

"不看？可女鬼已经消失了呀。"他找到台阶。

"万一等下又出来了呢？妈妈是大人，不怕，可宝宝是孩子。"我也有点留恋。

"那就等出来再说吧。"说着，他索性钻到我手臂中间。

随年龄增长的说话艺术

爸爸晚上有饭局，煮好饭菜留下母子仨就走了。

姐姐和弟弟各自坐在妈妈身边，呈两两相对之势。

"看，妈妈今天给弟弟盛的饭够少吧，一定要拿第一名哦。"我来个事先声明。

笛笛满意地点头："是的，今天饭不多，我要好好吃饭。"

"妈妈，姐姐吃饭很慢的。"他忽然想到什么。

"切，我吃得慢，我哪里吃得慢了。"姐姐享受着被挑衅的快感，漫不经心地回敬。

"就是，女生吃得都慢。"他不知哪里来的定论。

"对了，每个人都要喝一碗汤。看这排骨萝卜汤多好啊，可别浪费爸爸的心意。"我见缝插针，想哄他们多吃多喝。

"妈妈放心吧，我今天都吃了十个萝卜了。"笛笛的回答快速而自然，好像真的一样，说完又给自己剜了一口饭，认真地吃着。正直的母女对视了片刻，姐姐说话了："你什么时候吃萝卜了？"

"早上吃的。"

"早上？早上萝卜还没煮呢！"当妈的很意外，本能地纠正。

"那我中午吃的。真的，吃了好几个。"笛笛很自然而快速地改口。姐姐一定要拆穿谎言："中午根本就没有。"

"我真的吃了，吃了四个。"他进一步解释，只是数量变了。

"我知道了，你是吃了四段玉米。"姐姐反应过来。

笛笛没有退让的意思："我就是吃了四个玉米。"

我因为上班，不清楚中午的状况，此时也明白了几分："吃饭！"

气氛复又轻松起来，姐弟俩的话题开始漫无边际。接着他们的某个话题，妈妈不由得感慨："原来我家有两个聪明宝宝啊。"

"当然啰，我和姐姐都这么聪明。"笛笛接话总是这么及时。

"你们都聪明，那谁最高兴呢？"我不禁得意。

"当然是妈妈最高兴了。"笛笛把话头接得又快又准。

好想知道他的高见，便故意问："哦？妈妈最高兴，为什么？"

"两个孩子都聪明，妈妈肯定高兴。因为聪明的孩子学习好啊。"他回答。

吃完晚饭，我们决定出门去买零食。"爸爸去哪里吃饭了？"路上姐姐问弟弟，想知道能不能一车子接回家。

"我知道，但是不能说。"笛笛卖着关子，掩饰自己的不知情。

"为什么不能说？奇怪了。"姐姐还在纳闷。

"是现在不能说，回家再说。"笛笛越来越深沉了。

说话的艺术，也是随着年龄长出来的？

看得见的成长

一晃眼，新年的休假已经结束。今天是新年上班的第一天。吃过午饭，办公室里只剩下我一个人。经过半天的调整，过年特有的散漫已经收拾得差不多了，不由得把思绪转移到了笛笛身上。

过去的一年，他有哪些变化？

原先圆嘟嘟的小脸儿上，颧骨逐渐凸显，面相中那股天生的蒙昧稚气正渐渐消褪，有了一些决断和硬气；身体的骨骼也硬朗了，个子高出了半个头，精力充沛到无以复加。

经历过年前那次流感，住院治疗了几天之后，他的嗓门儿逐渐清脆，鼻涕也不淌了。

他正处于从幼儿到少儿的分水岭，经历着一个质的转变。

这个春节，因为不用上幼儿园，少了群体性的约束，他身体里的活力被释放出来。思维更加敏捷了，行动也更加迅速，有使不完的力气要找出处，常常一推二搡三打闹，逼得姐姐无容身之处。起初，姐姐还配合着，闹得大了，就想要调教他。先是好言规劝，他充耳不闻；口头批评，他变本加厉；最后严厉制止，他却恼羞成怒了。姐姐终于扬长而去，他便掉头来找妈妈。

我的精力更不比女儿，比画拳脚完全没有胜算，没一会儿就招架不住。求饶不得，就去找爸爸这个避风港："宝宝要玩耍，快去陪陪他吧。"

爸爸天性中的活泼在青少年时期就消耗殆尽了，如今是持重与平静的代名词。只见他面带微笑，用温柔的语气与他攀谈："你看，你已经出了一身汗，可以歇歇了。""你看，你活动到现在，是不是该安静一下了？能动是好事，能静也很重要啊。"爸爸的话就像一根定海神针，我们亲爱的笛笛竟逐渐放缓动作，慢慢平静下来。

这种劝导只有爸爸能做到，说明爸爸仍然是他崇敬的偶像。随着年龄的增长、胆量的壮大，他心目中的偶像越来越少了。

当他在爸爸的诱导下变得安静而理性时，姐姐不由得惊呼："太奇怪了，居然能变得这么乖！"

没错，我们的笛笛就是这样，能切换自如。当他安静乖巧的时候，一切建议都有被采纳的可能。因为这个特点，我们并不限制他，一切玩闹都能在次日照常上演。

他还喜欢参与爸爸妈妈的聊天，时不时发表一下自己的见解。这天晚上，爸爸在电脑上搜了一部战争片，仨人一起观看。场面十分血腥，爸爸不由得说："看看这些战争多惨烈，想想我们如今的生活多惬意，怎么好意思虚度光阴呢。"

我跟着叹了一口气，准备说什么，这时笛笛说话了："是啊，那个残酷时代，真是太……"

刚六岁的孩子要发表这么宏大的感想吗？我们同时转头望他，他突然不好意思，"扑哧"一声笑出来："我乱说的。"

"宝宝，你没有乱说，很贴切，而且很有思想。"我鼓励他，同时不免在心里可惜，那没说出的半句会是什么呢？

他最近还出现了一个新情况，就是怕鬼了。

先是怕"外星人"，继而怕鬼，睡到半夜突然叫："爸爸妈妈，我怕。"已经有好几个晚上，直到大人去陪他，他才肯安静地睡去。到底是真怕鬼，还是人小"鬼"大？

听到夜半的叫唤声，我们不免要做一番思想斗争，到底是陪他睡呢还是不陪？迫于他睡梦中不安的程度，最后决定妥协。

尝试探索的笛笛天真、淘气，就这样使我们在踌躇中，有时坚持，有时迁就，更多的是不知如何是好。

妈妈，我能行

自从教会笛笛洗脚，妈妈并没有让他自己操持一切，总是喜欢陪着他一起洗脸、洗脚，帮他处理一些细节，比如收拾牙膏和毛巾。

等他洗完脚，再帮着将脚巾挂回原处、倒洗脚水、搁洗脚盆，最后把地面的水渍拖干净。在我的经验里，帮助小朋友是大人的天职，也是我十分享受的过程，还没想到要训练他做完全过程。

这天，笛笛照例自己洗脚。洗完，他并没有像往常一样站起身去搽香香，而是端起水往马桶里倾倒，身手像个做惯了家务的孩子。我手里正搓着洗脸毛巾，转头看时，他正将脚盆放归原位，不由得惊叹："笛笛自己也会收拾了？真棒。"

"妈妈，我能行，我还会做很多事呢。"他应了一声，返身把马桶盖放下，站上马桶挂毛巾。

"别啊宝宝，让妈妈来，太高了。"我忍不住要劝阻。

"我行的，我什么事都会做，妈妈。"说着，他从马桶上跨下来。

我赶忙上去，殷勤地擦拭马桶盖。然后把他的小袜子捡起来，扔进衣篮。拖完地，他的香香也搽好了，对我说："快闻闻，香不香？"

"嗯，又香又滑，好闻极了。"我的喜悦油然而生。

第二天晚上，他洗完脚，倒好水，又以飞快的动作踏上马桶盖挂毛巾。跳下来之后，抽了一张纸巾就擦拭马桶盖，那用力的样子，仿佛上面真有万般污垢。

我不由得端详着他。

他擦完之后，纸团拿在手里，转来转去，不知该怎么办。

"扔纸篓里，宝贝。"我赶忙提醒。这个细节是我平时没有的。

他迅速地扔掉纸团，将脏袜子扔进衣篮，拽过拖把就拖起地面来。

"别啊，宝贝还小，让妈妈来吧。"我忍不住想要宠溺他。

"不，我会拖。我说过我会做很多事的。"他固执地坚持，动作非常利索。

尽管拖得不是很干净，但他专心的样子，让你不得不承认，大人的帮忙从另一个角度来看，正是最好的言传身教。他接受帮助时，你的神情举止、程序和方法都在他眼里，看起来漫不经心、心安理得，突然间你却发现，你享受的一个个细节，忽然就与你无关了。

他愉悦地步出卫生间，拿起香香，仔细搽起来。

那香气，真是好闻极了。

儿子的教育之道

某一天，笛笛缠着要妈妈讲故事。

他首先说了一个奥特曼的故事。云山雾罩的，直听得我啊啊哦哦地应付。但是他不管，仍然为自己的演说乐得前俯后仰。

"轮到妈妈讲故事了。"他说。哪知我肚子里没长故事，只好胡诌："从前有座山，山上有座庙，庙里住着一个老和尚和一个小和尚……"

"妈妈，你换个故事吧。"正当我说完第二遍，准备念第三遍时，被笛笛打断了。

"那妈妈讲一个将来的故事吧。将来啊，妈妈有一个孙子叫小笛，他很调皮、很可爱。"

"等一下，为什么他叫小笛？"他惊奇，再次打断。

"小笛是笛笛的儿子。"

"哦，我知道了。他怎么样呢？"

"他可调皮了……"我编了一通之后，突然想和他讨论："小笛是你的孩子，如果他不听话、不爱吃饭、不乖，你怎么办？"

"我拿出看家本领，抽他，把他绑起来。"他突然进入角色，毫不容情地说道。

"你就不能耐心一点，与他说说道理吗？"惊讶于他的粗暴，我反问。

"什么，他不只不乖，还不讲道理吗？"哪知他也反问。

"宝宝，你知道什么才叫乖吗？"

"学习好！"

"什么，光学习好就行了吗？"我诧异了。

他眨着眼睛问："啊，妈妈，不行吗，学习不是最重要吗？"

我的额头开始冒汗，搜肠刮肚，寻思怎么给了他这样错误的信息，连忙纠正："一个学习好的坏孩子，还不如一个诚实的学习一般的好孩子呢！"

该睡觉了，他又说怕一个人睡。我问他："世上没有鬼，不用怕。再说你都六岁了，应该独自睡觉了。你想想，如果将来小笛也这样依赖大人，你会怎么办？"

"那我就陪他睡呀。"他快速地回答。

听妈妈讲小时候的事情

一家四口到故地办点事。笛笛对那里还有记忆，回家后他问爸爸："那里的妈妈是亲妈，对吗？"

爸爸一时不知怎么回答，最后竟然说："现在的妈妈更亲……"

晚上，笛笛又赖着要求陪睡，不停地对我撒娇："宝宝怕嘛，妈妈，宝宝怕……"

由于撒娇的力度加大，我拗不过他，只好又陪他躺下。他掩饰不住内心的得意，得寸进尺："妈妈，给我说说小时候的故事吧。"

这是他第一次对我提及过去。我摆出一副讲故事的神情："你小时候啊，老是生病。爸爸妈妈总是急急忙忙送你去医院，急得汗都湿透了衣服。宝宝难受得一直哭一直哭，妈妈可心疼了……"

"还有呢？"他不满足。

"你老是尿得妈妈一身，可把妈妈熏死了……"我故意夸张地说着，笛笛已经乐不可支。

我把这些说给爸爸听，他听完沉吟片刻，若有所思地说："小家伙也许是在考你。"

"啊！莫非答对十道题就是亲生妈妈？"我的额头开始冒汗。

爸爸沉思地说："以他的聪明，很可能。"

第二天晚上，笛笛先睡下了。等我们准备睡觉时，他警觉地醒来，吵着要睡大床。爸爸无奈，将他抱到大床上，自己则去睡小床。岂知笛笛不让他走，于是三个人难得地并排躺在大床上。

笛笛很兴奋，把睡觉的事忘到了爪哇国："爸爸，给我讲个小时候的故事吧。"

"小时候？现在就是小时候啊。"爸爸显然不适应这样的要求。

"讲更小时候的故事。"

"小时候啊，宝宝喜欢和大人睡大床……"

"不，很小的时候，我是怎么样的。"他执着地追问。

"你很顽皮，有时又很乖。"

笛笛终于失望，转过身来："算了，还是妈妈给我讲小时候的故事吧。"

"你小时候啊……"我又开始发挥联想，把"小时候"说得有鼻子有眼。

妈妈，我在保护你

最近，笛笛明显好斗了。浑身像有使不完的劲儿，总需要一个对手，切磋武艺或实施近乎暴力的攻击。仿佛自我意识突然觉醒，要证明自己的实力。

当你劝阻甚至示弱的时候，他也不肯罢休，穷追猛打，直令你节节败退。

前天他得了一把迷彩绿步枪，结构复杂，火力强大。他如虎添翼，对准家里任何一个经过他眼前的人，"啾啾啾，啾啾啾……"电子音响亮而急促，枪管子里闪烁着红光，假如你"中"了弹捂住胸口，他便笑得前仰后合。

"不许动，举起手来。"接着他吆喝。

假如实在没有靶子，他便端着枪四下寻找，冲进厨房或卧室，对着其间的假想敌一通扫射。于是家里的每个人都屡屡"倒"在他的枪下。

春节期间总有亲朋往来，于是到来的客人，便成了他新的手下败将。

笛笛尝到了强者的滋味，越发志得意满，不可一世。使你不得不担心，假若这浑身的气力都化作武力，会是怎样的后果。

快乐的日子总是短暂。寒假告罄，该回归正形儿了。昨晚我们约好，一道起床，一起出门，他上学，我上班，各自去努力和成长。

他很守约，早上提前醒来："妈妈起床了，起床了。"穿好衣服，他就洗脸刷牙，像军人一样干净利落。我则去阳台把脏衣服扔进洗衣机，调好洗涤模式。返回卧室的时候，他已经洗好出去了。

"啾啾啾，啾啾啾……"当我俯下身子洗脸，背后响起了一阵枪声。按常理，这时是应该"中弹"的，但是一来时间并不充裕，二来忐忑于无休止的配合，我以不变应万变，继续洗脸。

"啾啾啾，啾啾啾，小小部队，冲啊……"步枪又发出一阵咆哮。

这时我已直起身子，擦拭水珠的同时转身，预备见机行事。

然而没看见枪口。

笛笛背对着我，端着枪，挺直了腰杆。

"笛笛，你在做啥？"

他回头给了我一个微笑，然后转过身去，对着卧室的右角"啾啾啾，啾啾啾……"，一会儿又朝着左边的地面"啾啾啾，啾啾啾……"，然后收回手臂，立正，雄赳赳地把枪斜挎在胸口。

"你，你这是……"做妈妈的难以置信。

"妈妈，我在保护你。"他头也没回，继续扛着枪，用身体挡住卫生间的门，就像电视上那些荷枪实弹的卫士一样。

第一名太无聊了

为了激发孩子的上进心，我们总是不遗余力，想着法子、见缝插针地灌输一切争强好胜的思想。时时耳提面命，处处严防死守，要求逐渐加码而不自觉。作业，明明已经做完了，还对书写甚不满意，忘了这是小朋友的弱项；算术，十以内的加减都会了，却开始遗憾，那百以内的加减还在云里雾里。

这是家长的通病。我常常告诫自己不要拔苗助长，努力按捺下急功近利的欲望，不给笛笛施加压力，好让他以应有的节奏长大。可是，当老师在朋友圈发表孩子们的绘画作品时，只要没找到他的，我仍会深深地失落。

似乎自家孩子就应该能力超群。

我想，我的潜意识里对笛笛是抱有幻想的。即使没有极出色的表现，也不厌其烦地夸他聪明，顺着他那想当科学家的话把子，步步紧逼，把各种要求变成对"科学家"的要求。终于有一天他累了，赌气说："我不当科学家了。"

但是难不倒大人。我们的主张总能推陈出新、花样迭出，我们的欲望仍然时不时地往外冒。

幼儿园的最后一个学期，为整肃纪律，我坚持施行了在上班前送他到幼儿园的主张。这使他早早起床，更好地遵守幼儿园的作息时间。

上学第一天的傍晚，当我进家时，笛笛已经歪在沙发上看动画片了，一副惬意的样子。我只要看一眼就知道，这个在春节时冲锋陷阵的家伙，已经恢复常态了。

吃饭时，我十分得意地问笛笛："今天到学校是第几名？"

"第二名。"笛笛咽下一口饭，响亮地回答。

"啊，才第二名！我们明天动作再快点，争取第一好不好？"我不失时机地怂恿。

笛笛又咽下一口饭，抬起头来，淡淡地应了一句："那多无聊啊。"

"怎么就无聊了！"出乎意料，还有认为当第一名无聊的？然而我不放弃，振作精神，装出一副志得意满的样子，补充道："第一名，多威风啊。"

哪知他转着手中的勺子，肯定地说："不，我不要第一。"

我哑住，意识到自己的庸俗和冒进。看人家小小年纪，对功名视若粪土，我这个大人，简直，简直臭气熏天了。

记得前天，当我逗他"你知道妈妈喜欢什么样的宝宝"时，他突然不再轻松，试探地回答："学习好，对不对？"那时我的内心忽然有一种挫败和自责——不知何时，我们给了他"学习至上"的教导？假如这个"学习"只以成绩来衡量，那我就该捶胸顿足了。那时我还想，我不仅仅钟爱成绩，我还是一个对道德品质、内涵修养有较高要求的家长呢。

可是现在，我又在可鄙地灌输"名次至上"的思想了。

"第一名太无聊了，没人玩儿。"这时笛笛说。

"哦，原来是这样。"我赶紧顺着台阶溜下来。

一句"没人玩儿"及时地惊醒了我——他，只是一个六岁的小顽童而已。我这个急功近利的大人，想的实在太多太多了。

明天应该提前吃饭

传统孝道中，小孩子吃饭是需要等大人坐下才能吃的。

笛笛就有这个好习惯。无论你有什么特殊的事，他都愿等。至于是如何形成的，我已经想不起来了，似乎水到渠成，未费我们的吹灰之力。

当你欣慰于一件事情的美好时，很快就会见识它的另一面。

爸爸做好了早餐，考虑到女性早晨复杂的程序，他喊笛笛先下楼吃饭。

笛笛望着还在整理房间的妈妈，说道："不，我要等妈妈一起吃饭。"

"宝贝，你先去吃吧，妈妈吃饭快，一会儿就赶上你了。"我看了看时间，按正常速度，铺床、上妆、晾衣、吃早饭、一起出门，时间是宽裕的。唯一可能出状况的就是笛笛吃饭。孩子的咀嚼速度无法与大人相比，加之他慢条斯理、挑肥拣瘦，一餐饭往往需要大人三倍的时间。于是我再次催促："去吧，宝贝去吧。"

"不！我要等妈妈一起吃饭。"他坚持着，机械地重复着上一句话，以最小的心力抗拒。

再催促也无益，我停下手中的一切："走，我们吃饭去。"

一边下楼，我一边问："宝宝希望和妈妈一起开吃，一定也希望和妈妈一起吃完对吧,这样我们就可以一起出发了,是不是?"

"我就是想和妈妈一起吃饭。"如此简洁,恰巧规避了什么。

"谢谢宝宝,那我们吃饭可得抓紧了。"我并不放弃。

"如果吃得太慢了,妈妈上班会迟到,对不对?"谢天谢地,一口饭下肚,他终于替我说出了心事。

"是的,"我不失时机地附和,"就是这样。假如宝宝吃得比妈妈慢,那么明天应该提前吃饭了。"

他猛吃一大口:"好的,妈妈。"

然而他仍然是慢的。当我吃完饭,把其他程序都补上之后,他的碗里还有饭。

上学的路上,我们在车流中如鱼般穿行。我教笛笛辨认:"看,路上车子是不是多起来了?说明了什么?"

"说明我们出门迟了。"关于这一点,前两天我们讨论过。

"那我们明天怎么办?"

"明天早上,宝宝要先吃饭了。"他缓慢地说出,一副审时度势的样子。

给马桶刷牙

随着年龄的增长,笛笛会做的事越来越多。就自身的洗洗漱漱而言,实现全程自理也有一年多了。其中我发现,他对刷牙有着特别的喜爱。

也许基于对水的钟情。

每次刷牙，他都喜欢注视牙刷上冒出的泡泡，看着池中白云般的泡沫被水流带走。有时看着看着便入了迷，最终变成一场痛快的玩水。

前不久，我们换了一管深蓝透明的牙膏，里面闪着七彩的星辰。那天笛笛很惊奇："妈妈，这个牙膏怎么这么好看？"

刷了一半，他再次惊奇："看啊妈妈，这个泡沫像蓝色的天空一样。"

于是刷牙的时间更加长了，使你不得不叹服，孩子的世界多么单纯又五彩缤纷。

昨晚，他刷牙、洗脸和洗脚，整个过程平静而迅速。我甚至有些惋惜，当一切美好都习以为常，童趣也许就不复存在了。替他挂好毛巾，我就俯下身子取出洁厕净，往马桶里挤了挤，开始刷马桶。

身后的他突然叫道："妈妈，你给马桶刷牙吗？"

人在忙碌时是缺乏幽默感的，我本能地纠正："啊！妈妈是在刷马桶呢。"

他并不理会其中的区别，却有了新的发现："这个蓝色的，是它的牙膏吗？"

这时我已经缓过神来，看着他天真的小脸儿，说："算是吧，相当于牙膏的作用。"

"原来这是它的牙刷！我以前都不知道它是干吗的，长得好奇怪。"他看着我手里弯弯的马桶刷，恍然大悟。

"……"我被他噎住，一时找不到合适的话语，愣愣地望着他。

他没读懂我的表情，转而佩服地赞美："妈妈真能干，把马桶的牙齿刷得这样雪白。"说完自顾自得意地走了出去。

望着他的背影，提起手中的刷子端详，再回头看着马桶和马桶中带泡沫的蓝色液体，我怎么也无法将它与洁白的牙齿联系在一起。

也许我该读读童话故事，或者多玩玩水。

从日记想到的

幼儿园的老师在微信里说，这个学期要让孩子们写日记了。乍一见甚是惊讶，日记不是识文断字的人才能书写吗？内心立刻生出一些凄惶——难道别家的孩子都这么强了？想到笛笛那样的聪明机灵，我有些不甘心。

老师接着说，目前的要求是格式正确，内容则有什么写什么，不会写的字用拼音字母代替。用拼音字母代替——这个要求看似放低了，但对笛笛仍是一种考验。我知道，我面临一件大事了。

我剑拔弩张，要辅导笛笛写日记了。第一天，出于战略战术的考虑，我有意降低难度，笛笛口述，由我来写。本着尊重原创的精神，我将他信口说出的一段话，原原本本地写在本子上。

第二天晚上，当我提醒笛笛该写日记时，他面露难色："不知道写什么。"

"写你觉得有意思的事吧。"

"今天没有意思。"他回答得很干脆，似乎没有创作意图就不必动笔。

我在心里暗暗发笑，小家伙看起来真有点业余作家的味道，没有灵感、未被触动就不动笔，竟与我如出一辙。然而我负有引导之责，便说："这样吧，你就写写吃晚饭……"

"什么样的情况？"笛笛果然落入圈套。

"写你不好好吃饭，又不听劝，爸爸妈妈都吃好了，你还剩大半碗。趁大人吃完走了，你就打开电视边看边吃，听到妈妈下楼你就飞奔回桌前……怎么样，很精彩吧？"

"不！这个不能写！"笛笛愤怒地打断，双手叉在前胸，用力侧过脸去。

"为什么不能写？你还可以在最后总结一下，以后要怎么吃饭。"我又促狭道。

"不！妈妈！写这个我会很没面子的。"他很坚决。

"你可以做，为什么不可以写？老师都说了，写日记要真实！"我步步紧逼。

"不，我就是不写。"理屈词穷的他往桌上一趴，下巴磕下去，翻着白眼，一副死活不从的样子。

"那，那我们写写早上吃饭的事——妈妈特地给你做了蛋炒饭，味道好极了，你吃得又香又快，好不好？"

"这个好，这个好。"他闻言绽开了笑容，眉目和手脚全都舒展开了。

望着他戏剧性变化的表情，我的心里像打翻了五味瓶。原来他完全明白什么表现是好的、什么是不好的，他只是有是非之心、无克制之力罢了。而对于"选择性写作"的无师自通，显露出他骨子里的聪明与技巧，一种与世俗、世事周旋的本领，是我一时说不出该有还是不该有的东西。

由此想到，字不会写并不可怕，重要的是对待书写的意识。一味要求写好的，不完美及不能确定好坏的都不能写，这样的作品有价值吗？我们是不是舍本求末了？

笛笛将来看到这篇文章，会不会责怪我写作太诚实？

大错误和小错误

害怕大人责备，几乎是孩子的本能。

在这一年，笛笛尤为突出。

大人交代注意事项时，他喜欢说"我早就知道了"。预感到大人要问责时，他往往直接回答"我没有……"后缀是"做""看见""听到"等，不一而足。

为此我们交涉过好几回，每指出一次，他就收敛一点。但是隔不了多久，又回到老路上来，于是进入新一轮交涉。

那天见沙发的保护膜破了一个洞，我调侃："哟，这里怎么了？"

他飞快地说："不是我弄的。"

他对过失的警觉早已不亚于成人。对自身错误矢口否认，在成人世界里屡见不鲜。我索性挖掘下去："做了不敢承认，难道你是胆小鬼吗？"

"不，我不是胆小鬼。"他再次否认，并从沙发上跳下来，用头抵住我的肚皮，以挑战来证明自己，又像试图以调皮来蒙混过关。

我用尽全力抵挡住他的进攻，双腿弯曲下蹲，以保持身体的平衡："你力气真大啊。但你是个有勇气的少年吗？"

"我当然是，我还是个大力士呢！"他使出浑身的力气。

"你知道吗？一件事没做好并不是错，不小心弄坏了东西也没关系，可是撒谎和抵赖却是大事。因为你不但没有弥补，还把错误扩大了。小失误变成了大错误，天一样大，你……你觉得划算吗？"我一边抵住他，一边气喘吁吁地说。

"不划算！妈妈，你当我笨啊！我早就知道了。"他跳开一步，看着趔趄的妈妈笑得前俯后仰。

"妈妈就想你诚实，不说假话，这个，你能做到吗？"

"我能！"他掷地有声。

"好！好一个有勇气的孩子。"

我说完伸出手去，他也伸出自己的温热小手，一把抓住了我："放心吧妈妈，我一定不让你失望，我是个有勇气的孩子。"

"妈妈相信你了。那么……沙发是怎么破的？"我努力掰回原点。

"它自己破的。"他不假思索。

"……"我顿时怔在那里，内心一阵发凉。他偷偷地看了我一眼，默默地低下头去。我一把将他拢过来："你回答问题不要那么快，好吗宝贝？你思考一下再回答。妈妈希望你诚实，说出来的话没一句含糊，更没有瞎话。妈妈遇到过很多爱说瞎话的人，他们没勇气承认事实，说话不靠谱，是不受大家欢迎的。妈妈爱你，不想你也那样。"

他突然静了下来，望着一脸愁容的我说："妈妈，我知道了。我以后小心，不扯沙发了。"

"我……"我一时间竟说不出话来。他虽然误解了我的出发点，说话好歹有点靠谱了。

我告诫自己要冷静、再冷静，今天到此为止。

成长是一个漫长的过程，所有的"急功近利"都将导致背道而驰。

占有和保存零食

都说"民以食为天"，可是笛笛对吃并不在意。

印象中除了饮料，他似乎从没说过爱吃或想吃什么。这与他姐姐有着天壤之别。姐姐小时候也挑食，对于不爱吃的食物绝对不吃，对爱吃的、想吃的却有着旺盛的食欲。

有时候会联想，假如我们够决绝，再不叫他吃饭，他会不会把自己给饿没了。因为这个特点，每次吃饭都像一场隐形的考验。春节前那次聚餐，适合他吃的菜肴意外地多，我满心欢喜，哪知他仍是淡淡的、悠悠的，浅尝辄止。他忙着就地取材，用牙签穿透吃空的花生壳，做成形象逼真的小蜘蛛，或别的什么。即便在浓郁的吃的氛围中，他仍然要用玩儿来贯穿始终。

对他而言，玩耍、看电视远比吃重要得多。

偶尔吃薯片、吃鸡蛋饼干，喝点可乐，也是在看电视时。

某天极偶然地，我发现了他口袋里的糖果，后来又陆续发现了别的小零食。我不像其他妈妈那样想批评教育，而是满心欢喜，跟他爸爸说："快看，我家笛笛愿意吃更多食物，还学会装口袋了，真棒啊。"

　　学会了装口袋，就是学会了占有和保存，是积累意识的发端，不能不说是一件大事。要知道，假如不能积累，人类繁衍子嗣和创造财富的欲望都强烈不起来。

　　据说人类的积累意识是从第一只风干兔腿开始的。经过几千年的剧烈演变，竟发展出如今这么庞大的物质世界。

　　今天为他洗羽绒服，从左边口袋里掏出两个已经腐烂的草莓，掏掏右口袋发现也有。

　　看来积累意识已经巩固，只是经验有所不足。

拉钩上吊，一百年不许变

　　与朋友们去乡下做客。

　　笛笛像一只被圈养的山羊忽然被放归山林，仿佛天下任由驰骋，不再受任何拘束。大人们若想说什么，他便没好气，仿佛我们都是他"行走江湖"的绊脚石。

　　一个人在放松状态下的所作所为最能显现他的本性。不知道哪儿来的逻辑，反正鉴于他的表现，我决计让他静一静。

　　晚上，电视机的遥控器不见了，任他怎么找也找不到。我只管坐在那里看书，任由他发飙、生闷气。我知道，只要他看上电视，我们就休想交流些什么。

十几分钟过去了，生气无效，他安静下来，动手做起了手工，其间还跟我展示他的成果。气氛轻松了，我们开始了那些聊不完的话题。

做完手工，他找来一个本子，自娱自乐做起算术题。做完后，只见他开心地笑起来。

我已经悄悄地把遥控器放到爸爸的靠垫下面，然后跟他说："看啊，妈妈这个椅子坐着不舒服，宝宝能不能帮忙拿个靠垫来？"

他跑去拿来帮我垫上，却没有看到遥控器。一会儿，我又假装不舒服："看吧，这个靠垫并不合适，你能不能帮我拿走它？"

他说好，应声就过来搬靠垫。放回靠垫的时候，他看到了遥控器："妈妈，我找到了，遥控器。"

"找到了？它在哪儿？"

"是的，就在爸爸的座位上。"他平静地回来，又开始做手工。

我望着他，现在的他与之前疯魔地找遥控器时完全是两个人。

"宝宝，你现在想想，看电视真那么有趣吗？"

"其实也不怎么样。"他一边忙乎一边回答，头也没抬。想来电视于他也只是无聊时的消遣。

"那你为什么发那么大的脾气？"

"啊，当时我不开心。"

"那我们以后，还要不要为看电视生气？"

"不要！"

"那我们盘点一下今天的整个过程好不好？看看哪些事情是不该做的，哪些事情做得好。"

"不该抢别人手机！"他伸出一个指头说道。

"还要有礼貌，不能不听话地乱闯。"他想了想接着说。

见他情绪不错，我追问："今天总体的表现怎样？"

"不好。以后我不会了。"他一边摆弄玩具，一边不假思索地回答。

啊，这么好的态度！我心里有些吃惊，同时伸出一只手去，他伸出小指头，与我拉钩："拉钩上吊，一百年不许变，骗人就是臭狗屎。"

"啊，你不怕做臭狗屎吗？"

"我怕啊，所以我说骗人就是臭狗屎。"

好吧，当妈的记录一下，免得以后忘了这碴儿，毕竟是拉过钩的。

关不掉的"闹钟"

作为工薪一族，为自己设置几个闹钟是必需的。我又特别谨慎，闹钟的个数自然要比常人多。除了起床和上下班，还有例会、吃午饭等，如果要去幼儿园接笛笛，还会临时加设闹钟。于是我的手机上，通常设有七八个闹钟。

这也许佐证了我的理性和刻板，更暴露了我是一个力求精准、一丝不苟的强迫症患者。

为了那些一次性的事情，我还预设过五花八门的闹钟。

闹钟多了，自然就多出许多关闹钟的动作。

笛笛近来醒得早，得到大人的表扬后"变本加厉"，醒得更早了。

"爸爸妈妈起床了，爸爸妈妈起床了。"每天早上叫得没商量。

最近，我五点一过就会醒来，复又要睡回去。往往不一会儿，就听见笛笛的叫唤。

经历了几天的不习惯，我终于决定早睡早起，把夜晚读书的时间划一部分到早上来，一切都顺了。

可是休息日，我想好好睡个懒觉，以弥补一周积累的困乏。哪知笛笛不同意，仍然到点就醒来，并开始叫唤，锲而不舍。

"爸爸妈妈起床了，爸爸妈妈起床了……"爸爸时常工作到后半夜，此时往往睡得正酣。

"宝贝，爸爸在睡觉，别叫这么大声。"我正好借爸爸说事。

他便压低嗓子："妈妈起床了，妈妈起床了……"

这个"闹钟"好像也是我"设"的，可是怎么也关不掉。

宝宝的自我克制

不管我们怎么克制，他如何乖巧，生气和责备仍然免不了。可见我这个妈妈具足"贪、嗔、痴"三毒。

这天，我们聊起这个话题。我问他："宝宝，你是不是觉得妈妈很烦人，总是管着你？"

笛笛这时很着调，思路也清晰："不烦人，妈妈都是为我好，不想我变坏。"

"倒没有变坏那么严重。因为妈妈想你吃饱饭，身体更好。妈妈还要你洗澡、穿衣动作快点，是不想你受凉。"我又不厌其烦。

"还有，妈妈凶我的时候是不想我受伤。"笛笛抢着说。

"哈哈，你还记得妈妈生气是什么样子吗？你学学看……"

他笑了，然后挺直胸脯，右手从上往下一挥，作摔东西状："我把你的家伙都扔掉！"

"然后呢？"

"你要认真做作业！"他假装严肃地指着虚空。

"然后呢？"

"然后？"他绞尽脑汁，"我想不起来了。"

"你真不记得了？妈妈就生这么点气？"我难以置信地问，仿佛这些远远不够。

"真的，妈妈，我不惹你生气了。"他突然有点动容。

我忽然就生出惭愧之心，问他："说真的，你怕妈妈生气吗？"

哪知他回答："不怕。"

"不怕？你居然不怕？"我意外，也很失望。

"因为妈妈再生气也是爱我的。其实我知道，让妈妈生气不好。"他解释得这么清楚。

难怪我所感受到的笛笛，一会儿任性，一会儿乖巧。原来为了不让大人生气，他会克制自己。

正如我明白，生气于管教无益，也会忍耐一样。

那么我在他心目中，是不是一会儿严厉，一会儿放纵呢？

不要发火，不要说教

爸爸出差在外。笛笛的交游突然压缩，只好围着我团团转。母子俩连续两天亲密无间，按近期的惯例，剧情需要翻转一下。

昨晚，笛笛果然对妈妈揭竿而起了。

妈妈喊他吃饭，他只淡淡地说："再看一下电视。"须知他已经看一个小时了。

好言相劝也不行，那个"一下"始终在持续。我决定采取行动，耐着性子走过去："宝宝乖，和妈妈一起吃饭去了。电视暂停一下，吃完了就过来。"说着伸出一只手拉他，另一只手去拿遥控器。

"我要看电视！"笛笛压低声音坚决地说。这时妈妈的手指已经摁在了暂停键上，电视停住了。

没收遥控器开罪了笛笛，只见他双手抱胸，两腿叉着坐在沙发上一动不动，双眼直直地盯着我。

我看着他，告诫自己不要发火、不要拉扯，也不要说教，只是淡淡地说了句："跟妈妈来吃饭吧，饭要凉了。"一边说着，一边往餐厅走去。

坐下来，我再次招呼他："快来吃饭，妈妈给你夹菜。"

客厅那边没有响动。

不要发火、不要拉扯，也不要说教。我在心里复述了一遍，发现除了低下头吃自己的饭，竟没什么可以努力。

他终于过来了，但并不坐下，而是摇晃自己的椅子。椅子很沉，发出笃笃的笨重的声音。当我望着他时，他也拿眼睛看着我，"你能把我怎么样！"——他的眼睛在说。

"宝宝别生气，吃完饭就能看电视了，很快的。如果待着不吃饭，怎么有时间看电视呢。"解铃还须系铃人，笛笛这个症状只有电视能治愈。

"……"他似乎想说什么，然而止住了。他继续拖拽椅子，最后竟把它掀倒在地。我望着他，他也看着我，眼神中有一种不确定的东西在闪，我知道，他在试探我。

我告诫自己不要发火、不要拉扯，也不要说教。从上次的表现可以看出，看电视是无聊时的消遣，这注意力是完全可以转移的。

然而我却没憋住："不吃饭怎么有力气呢，不吃饭怎么长大啊。快把饭吃了，吃完再去看电视。"

他不理会。我的晚饭吃完了，他仍然没有缓和的意思。我一抬腿，向楼上走去。快到楼上时，听到金属汤匙碰撞瓷碗的声音——他开始吃饭了。

我取了一本书下楼，他已经将饭端到客厅茶几上去吃了。过去把客厅的窗子关牢，拉上厚厚的窗帘，我坐回餐桌看书，一边注意客厅的动静。

没一会儿，他过来了，搁下饭碗生硬地说吃不下，并在我身边晃来晃去，用闷闷的声音冷冷地念叨："遥控器，遥控器……"我告诫自己不要发火、不要拉扯，也不要说教。

他又开始摇晃椅子，见我没反应，就做出要再次放倒它的架势，一边拿眼睛看着我。我告诉他，如果椅子再倒到地上，遥控器从此就没有了。

他拎着椅背，似要放倒，考虑到我的话可能有几分真实，便十分无奈地摇晃了几下，然后推着向桌子撞去。

我仍然看书，似老僧入定。一边在心里告诫自己不要成为他的对手，没有对手的人更容易保持平静。

时间一分一秒过去，我们僵持了半小时之久。

他显然没有了闹下去的劲头，虽然心头不忿、不甘心。

快八点了，我拿起书本，径直上楼，坐在了书桌旁。如我所料，他噔噔噔跟上了楼，嘴巴仍然说着"遥控器，遥控器……"

快九点了，我站起身往卧室走，他又跟过来，嘴里的"遥控器，遥控器……"不知什么时候变成了一种唱腔。

我刷牙，他就挤过来洗脸，还歪着头看我。我们对视，便知道彼此并没有怨气，不由得都笑了。

"去睡觉吧，已经很晚了。"见他洗好了脚，我说。

他磨磨蹭蹭走到床边，准备说什么，想了又想，终于忍住，默默地脱衣睡下。我知道，他是想让我陪他，鉴于自己的表现才没说出口。

Part 02

我长大
一岁了

我长大一岁了

记得小时候，我们总是盼着过年。元宵节刚过，听到大人说年过完了，就开始盼下一个年。盼得望穿秋水，盼得天昏地暗。

现在想来，那时生活拮据，过年无非是有红烧肉吃，有鸡肉、豆腐圆子，还有除夕夜的一条鱼、大年初一的盖着浇头的鸡蛋面。没有张灯结彩，没有鞭炮，没有春晚，更没有网络。

笛笛似乎从没把过年当回事儿。想想也是，现今最普通的日子，也胜过当时的过年数倍，况且他对吃并不在意。不过，人总得有个盼头，不盼望过年，他就盼过生日。

去年刚过完生日，他就问我："妈妈，我什么时候过生日？"显得特别焦急和期待。五月我过生日时他又问，我如实回答："等姐姐过了生日，再等爸爸过了生日，就轮到你了。"

"为什么我的生日要到最后？"他有点忍无可忍。

"因为你刚刚过了生日啊。"我掰着指头告诉他。

"就不能多过几次吗？"他突然这样问。

当听说一年只能过一次时，他非常不满意地唠叨起来："过个生日，还要等这么久……"与我当初盼过年的心情一样，盼得望穿秋水，盼得天昏地暗。等到姐姐的生日、爸爸的生日全过完了，我们亲爱的笛笛仍然在等，执着地等。

等到过完春节，他问的次数反而少了。当生日临近时，他更是连提都不提了。

生日那天不是周末，爸爸又异常繁忙。于是没有鲜花和掌声，也没有聚集亲戚和好友。姐姐求学在外，我们仨简单地吃完晚饭，他才投入到喜爱的环节——玩他的新玩具，一个电动机器人。

这就是生日礼物了。他趴在地上操纵它，像一个摸爬滚打的战士。相比之下，机器人更加轻松快意、应对自如，使你不由得恍惚，他们是谁在指挥谁？

周末，我们去看望奶奶。见到奶奶，笛笛的第一句话便是："奶奶，我长大一岁了。"

原来心心念念盼望的生日，是为了这淡淡的一句。

从奶奶家返回，经过楼下的花坛时，他忽然指着那株鸢尾花告诉我："妈妈，花也长大一岁了。"

那是去年的某天，我俩一起种下的。

让时间停一下

笛笛是个超级电视迷，但凡得空，便缠绵于电视机前，看那些无穷无尽的动画片。假如可以，他愿意永远看下去。

幸福虽然很简单，却往往"去"得太突然。于笛笛而言，幸福止于一日三餐的咀嚼，还有老师"不分青红皂白"布置的家庭作业。

这天吃完晚饭，当他准备去看电视时，我提醒他，家庭作业还没做呢，赶紧去做吧。

他一时英雄气短，气急败坏地来到桌前，对着那些莫名其妙的算术题发闷火。嘴里嘀咕说不会做，一会儿又说太多了，总之沉不下心。我知道，此类没有边际的言语、无效的应对方式，皆因某种欲望的剧烈涌动。

我直白地奉劝他，作业并不多，赶紧做，做完还有大把时间看电视。

因为不能立即看，任何言语都是多余的。

急火攻心和气急败坏使他无法静下心来。磨蹭得久了，自然耽误了看电视。一个小时之后，他忽然灵机一动，跟我说："妈妈，我们让时间停一下。"

"什么？让时间停一下，怎么停啊？"

"就是停几分钟，让时间停下来。"他有些不耐烦，还有点恨铁不成钢。

我一时语塞。这个小顽童，一个纯粹的电视迷，竟然说到一个哲学命题。我只好如实回答："宝贝，这个妈妈真做不到。时间永远不会等人的。"

他"哇"的一声哭了出来。

我望着他，不知该怎么劝。就本意而言，我希望他能停留在昨天，他乖巧、合作而积极，能够接受大人的建议，也能耐下心把作业一一写完。

但是他一直在哭，一直在叫唤："为什么不能让时间停一下？"听不进任何言语。

我内心郁结地坐在一边，思考着这个扑面而来的问题。如果可以，我也想时间停下来，停在人生关键的某几个节点，使自己始终处于得意的、理想的状态，只是那样我就无法遇到笛笛。

如果时间可以停下，我还想让小区里处处盛开的樱花、海棠和茶花永远保持今天的样子；野外那满坡满畦的油菜花、无处不在的桃花都定格下来，好让我们移步易景，始终生活在春天的花海之中。只是那样，夏天的果实、秋天的收成就都没有了吧？

如果时间能够停下，我们就不会来到生命的终点，更不会在那一刻悔恨自己虚度了年华。如果时间能够停下，我们还需要歇斯底里地唱"时间都去哪儿了"吗？只要时间停下，时间的概念就可以弃置一边，世界被装进一块琥珀，不复运转了。那时人群会怎样呢？我的智慧不能支撑我联想下去……

笛笛一直在哭，仿佛真的被定格了。我再看时间时，已经过了十分钟。

还好，时间没有停下。

也许我的发呆是一种示弱，笛笛有变本加厉之势。我只好劝他："老师布置的作业很少，耐下心很快就能做完的。听话，尽快做完，让我们的日子快乐一些、幸福一些。"

"我没有快乐的日子，也没有幸福的日子，只有哭的日子！哭的日子！"他一把鼻涕一把眼泪。

听着这出人意表的控诉，我"扑哧"一声笑出来——这思路、这话语，极其敏锐与富有冲击力，并不是一个暴怒中的孩子能够说出的。

他发现了我的反应，不由愣怔，竟把哭泣给止住了。

以不变应万变

刚满六周岁的笛笛，突出的变化是性情反复。从乖戾到乖巧，一个周期大约一个星期的样子。亲密两天，冷战两天，反抗两天，如此循环往复，已经有几个回合了。我们不打压也不迁就，于是家庭氛围一会儿甜蜜，一会儿僵持，一会儿不冷不热。

前晚他暴怒，哭着说："我没有快乐的日子，也没有幸福的日子，只有哭的日子！哭的日子！"就是两天来的坏情绪爆发的结果。

爆发之后，一切归于平静。第二天傍晚，他已经换了一副谨小慎微的样子，表现乖巧、安静。吃饭和做作业也一样。作为奖励我允许他去看电视时，他没有如想象的那样欢呼雀跃，而是拿眼睛认真地看着我说："妈妈，谢谢你教我做作业。"礼貌得叫我吃惊。

因为落差太大，两个大人意识到问题严峻，分析之后又觉得顺理成章。随着年龄的增长，他的自我意识正在萌发，个性正逐渐形成。他试图按自己的想法来，又对自己没有信心，才对大人怀着戒心。

从他的角度看，我们的哪怕一丁点儿的意见和指正，都是对他的否定，令他烦躁。所谓任性，其实是情绪主导的结果。

他既然是个聪明伶俐的孩子，就一定会有完整的典型表现。

如果不注意方式，激起他的"斗志"使他逆反，便可能一发不可收拾。如果压制或疏导不得力，则完全可能磨灭他的个性。所以我们互相提醒："我们是大人，不能用强制力欺负他。原谅他的小失误，理解他的莫名其妙，这样他才能轻松坦荡地面对我们。"

鉴于最近与妈妈的战争升级，我们商量，当他与我闹别扭时，换爸爸圆场；当他与爸爸闹情绪时，我挺身而出。做到不发火、不责备，甚至不说教。找出堪可表扬的角度，肯定他，赏识他。

以不变应万变，使他回到正面的情绪，快乐起来。

不可小觑的手机游戏

去年小孙叔叔来访，笛笛捧着手机玩儿了两天。

小孙叔叔走后，他情绪忽好忽坏地挣扎了一阵子。我们做大人的避重就轻，在其他的娱乐上迁就他、满足他，渐渐地他忘掉手游的迷幻，复又陷入对动画片的痴迷。

假如电视是他的命，看到一部手机，他便连命也不要了。此外还没发现别的事物有这种魔力。

我们夫妇对时间守得紧，一有空暇就投入学习，我读书，爱人研究他的书画艺术，没有一刻荒废与蹉跎。这种状态下对手机的应用难有建树，更别提什么手机游戏了。

笛笛在闲暇时除了与他的命根子打交道，就是玩玩具，与手机游戏完全绝缘。我们窃喜地想。然而那天，百无聊赖的他冲过来向爸爸说道："爸爸，把你手机给我一下。"

"你要手机做什么用？"爸爸平静地问，同时抬头望着他。

我意识到此话的不凡，也抬头望着他。他忽然一愣怔，见我们都望着他，默默地转身走了。

他并没有说出口，可我们都知道是为了什么。

人是需要闲暇的，人也需要调节，随着智能手机的普及，手机游戏应运而生，这是无可阻挡的。可它对孩子的童年却有侵蚀性——考验孩子的克制能力、取代孩子的正常娱乐、消磨孩子对其他事物的兴趣。除非我们将它作为特殊事项进行一系列的规范和限制，然而这恰恰强化了手游的不可多得，使孩子对它更加念念不忘。

我们常为此庆幸，看我们的家庭是多么纯粹，书只读纸质的，写字是用毛笔的，手机仍是用来通讯的。尽管如此，笛笛仍然清晰地表现出渴求，手游的魔力真的不可小觑。

可恼的功课

笛笛抄写课文，字写得大大小小，排列得歪歪扭扭。

我看着心里发毛，嘴上却恭维道："看我家笛笛，学习多认真啊，写得棒极了。"

他无所谓地看看我，懒洋洋地继续他那苦行僧似的练习。

当一篇小课文抄完，笛笛扑向我："妈妈，我做完了。"

"好的，抄得好极了。可是，课文的题目没写，你把它补上吧。"

"不，不用写的。"他打马虎眼。

"不写题目，看起来多不完整啊。写上吧。"我递给他，他不情愿地接过去。

"对了，你写的这些，会读吗？"幼儿园阶段，我们的主观意识是关注心智和动手能力，并不主张抓功课。对于学习热情而言，抓得越狠消磨得越彻底，于是对他的督促仅仅是配合老师而已。今天见他写得吃力，本能地多了一句嘴。

岂知他回答："我不会……"

"老师教过的课文不会读，行吗？"我惊讶地问。

只见他面露难色，同时又极不耐烦。我不解地看着他，他索性换了一副无所谓的样子，把本子"啪"的一声拍在桌上。

"这是什么态度，必须改正！"我突然来了脾气，大声教训。

他一愣，哭了起来。意识到自己反应过于激烈，我努力平复情绪，对他说："你好好想一想，我也需要平复一下心情，火气这样大不适合说话。"

去阳台收了衣服，随便找点什么事做做。过了十几分钟，心定下来，我回到桌边："这样吧，妈妈教你读课文。"

他也换了一副面孔，诺诺地说："好的。"

打开语文课本，连续三篇课文说的都是礼仪。我读一行，他跟读一行，只见他双手合拢搭在桌上，身体站得笔直，渐渐地投入起来，一篇接一篇读得很认真。对于我额外的讲解，他也耐心地听。

前后判若两人。渐渐地，他开始活跃起来。

我在心里叹一口气，拉过他说："笛笛你看，投入一点，学习很轻松，对吗？还有，我们以后都这样相处，好吗？妈妈不想变成老虎婆，你不要把妈妈变成老虎婆，好吗？"说完我委屈地看着他。

"好的妈妈，我知道了。"他歉疚地回答。

吃晚饭了。他挪过饭碗，说："谢谢爸爸。"当我给他夹菜时，他又说了一声："谢谢妈妈。"

我们两个大人惊诧地互望，对他一百八十度转变大感意外。

就事论事，得过且过

过早地为功课纠缠，是两代人的悲哀。我嘴上不说，心里早已发怵。我希望笛笛快乐成长，不要成为学业的奴隶，因此对我们不期然滑入泥淖而心怀芥蒂。

我决定退一步，应允他看电视。作为回报，他主动说晚上做几道算术题。我嘴上应着，心想学习果然要成为筹码吗？

吃过晚饭，我忙着做家务，他继续电视旅程。当我提醒他上楼洗脸时，他反过来提醒我："妈妈，今晚的算术没有做。"

我心里一怔，这是他第一次主动请缨要写作业。这是一种进步、一种守诺的态度，于是我对他说："是的，今天妈妈弄迟了。不好意思啊，我们明天补上，你看行吗？"

"好的，明天补上。"他表现得很宽容。

第二天傍晚，他提醒我该出算术题了。出了两列低难度的题目，招呼他独立完成，我便下楼炒菜去了。

没过一会儿，他就拿着本子奔向厨房："妈妈看，我作业写完了。"

我拿过来一瞅，好家伙，有错题。再一看，几乎全是在等号后面填上了随意的数字。我放下本子，说："妈妈等一下看，先吃饭。"

吃完饭，上楼。我叫他："宝宝过来，妈妈和你说话。"

"好的，妈妈。"一上楼就搭积木的他直起身子，来到桌前。看起来，对这声招呼他没有不耐烦。

"妈妈问你，你知道为什么要送你上幼儿园吗？将来还要送你上小学、中学和大学，你知道这是为什么吗？"

"我不知道。"他认真的表情下有着不易察觉的聪敏。

"老师没有告诉过你吗？"

"没有。"

"那好，今天妈妈告诉你，你好好听，听完以后就知道了。"

"好的，妈妈。"

"送你上幼儿园，是学规矩，学与人相处，学一些基本的知识；以后上小学、中学和大学，是让你去学更多的文化和知识。只有你认真了、踏实了，知识才会和你做朋友，才会帮你解决问题。学好了知识，你才能成为能干的人；学好了文化，你才能成为更完善的人。这样你长大了才会自信，赢得大家的尊重，按自己的想法生活。"

"我知道了，妈妈。"

"很好。那么你知道学习要有什么样的态度吗？"

"不知道。"

"没关系，妈妈告诉你。学习态度要端正、要专注。端正是你知道学习的重要，认真和用心地对待它；专注就是当你学习时，别的什么事情都放在一边，一心一意地完成学习任务。每次作业都认真写、用心算，你才能知道学的知识都会了没有，才能更好地掌握课程。"

"知道了，妈妈。"他一口应承下来。

我无奈地拍拍他的肩："去玩儿吧。"

他立即俯下身去捣鼓他的积木。我知道，说得再多，应得再溜，于他都只是一番应付。这是孩童特有的蒙昧状态，他只想赢得玩儿的时间。

家庭教育很尴尬，既不能疏于管理，又不能磨灭个性。当你准备退一步时，现实却推着你向前攻了一大步。

在他情绪尚可时说几句，在他心情变坏前打住，就事论事，得过且过。也许说着说着他就长大了，忽然哪天就明白了。

还有谁会哭

爸爸和一位叔叔出门办事，我和笛笛在家。吃完晚饭，我们在书桌边坐下。我拿出指甲剪子，为他剪指甲。

"妈妈，可别剪到我的手哦。"他看到剪子，突然担心起来。

这个冒失的家伙竟然害怕了。我意外地望了望他，知道怕，是成长的另一种象征："谢谢你的提醒，妈妈会格外小心的，可不能剪到我家宝贝。"

"要是剪到我的话，就会流血，我会哭的。"他假装要哭泣。

我"扑哧"一声笑出声来，问他："还有一个人会哭，你知道是谁吗？"

"妈妈会哭。"他肯定地说。

虽然答案是正确的，却仍有点意外："为什么是我？"

"因为妈妈心疼我，见我疼得哭了，妈妈就会哭。"他一副自信满满的样子。

"是的，妈妈很疼你，希望你快乐、健康，不受一点伤害。"

"我知道的，妈妈。"

"那你要不要照顾好自己？"我给他换个指头继续剪。

他已经投入聊天的热情中，全然忘了指尖上的刀口："我一定会照顾好自己，长大了还要照顾爸爸妈妈呢。"

"是不是还要一个好身体才行？你说你每顿饭吃的，能让你长得强壮吗？"

"不能，我以后吃一大碗。"他认真地说。

我拉起他另一只手继续剪，问他："你知道妈妈还喜欢什么？"

"爸爸的画。"他不假思索地说。

"啊，除了你就喜欢爸爸的画吗？"我着实惊讶。

"那我不知道了。"

"小糊涂，再想想。"我显出嗔怪的表情。

"我知道了，爸爸！还有爸爸！"

我望着他，这个自我感觉太好的小家伙，我要怎么告诉他，爸爸是"屋"而他是"鸟"呢："我想说，爸爸工作很辛苦的，笛笛别让他烦恼才好啊。"

"妈妈放心吧，我会听话的。"笛笛说着，一副幸福又乖巧的样子。

这时指甲剪完了，漫无边际的聊天也结束了。

笛笛开始捣鼓他的玩具箱。

他不知道妈妈还喜欢的，是他不再害怕的样子。

不愿发生的摩擦

擅长找理由的特点，终于发挥到作业上来了。

老师教的没记住，回家自然不会做作业。前段日子他只知磨叽，等待大人救援。这个星期，他再也没有不会做的算术题，而是说"做好了"。你欣喜之余提出要看，他就斗胆交到你手上，你细看就发现那答案竟是随手写上的！上周他主动提出做算术，便是用了这招。当这种事不再是偶然，作为正义的家长，我过不了自己这关，决定指出他的错误。

前天的作业，我指出错误时，他说："我已经按照妈妈的方法做了。"他竟然将我一军。今天又发现错了不少，但见他脸色一沉："爸爸都说了，只错了一个。"

不必问爸爸就知道他断章取义。我气不打一处来，他也非常不高兴，我越想越不是滋味，他却做出一副无所谓的样子。

空气在双方的压抑中即刻就要爆裂。

我对爸爸宣布："我想打人了，别拦着我。"

所有的顾忌抛到九霄云外，我决定豁出去，转而又强压怒火对他说："这样吧，你来做，妈妈看着。拨算盘……"

"我不做。"岂知他不但不做，还把头歪向一边。

"为什么？"

他的眼神凌厉地在我脸上扫了又扫，头继续歪向一边，一副死猪不怕开水烫的样子。

"这样吧，把错的答案擦掉，重新算，做对了就休息。"我忍了又忍，他仍不理不睬。

爸爸走过来望着他，并不言语。他开始抬起手腕，慢慢摸索到竖式算盘的上面。爸爸以为他要开始计算，便转身去写自己的书法了。谁知他只是在算盘上乱拨一气，完全没有计算的诚意。

"啪！"我手上的铅笔愤怒地敲了下去。

他"哇"的一声大哭起来。看着越来越红的小手背，他哭得越发厉害了。不愿发生的摩擦，终于淋漓尽致地爆发了！

在我的强制之下，他终于完成了作业。离开书桌，我们如往常一样洗脸洗脚，借着这个程序，两个人都把心情平复了下来。

他睡下了，想到他哭了良久，一定口干舌燥，我端了一杯水递过去。他起身，喝完水看着我说："妈妈，对不起。"

眼睛一酸，我差点落下泪来："知道了，赶紧睡吧。晚安。"

哎呀，我说实话吧

昨天傍晚，当我下班到达小区的时候，父子俩的车子跟着进来了。罕见地在楼下相遇，三人都觉得意外而兴奋。

一起步入电梯，看着笛笛开心的样子，我便问："我们今天过一个快乐的夜晚，好不好？"

笛笛响亮地回答："好啊，太好啦！"

"那得抓紧把作业完成。对了，今天什么作业？"

"14 的组成。"

"又是算术啊。"我头皮开始发麻，"你学会了吗？"

"学会了，不难。"他的不假思索，越发让我们不敢轻信。

爸爸开口了："7 加 7 等于几？"

"14！"他再次不假思索。我们把心放回肚子里。

吃过晚饭，爸爸出门会朋友，妈妈在厨房洗碗，笛笛到房间做作业。一会儿工夫他就出来了："妈妈，我作业做好了。"

"啊，真快啊，要不要检查一遍？"鉴于前日的摩擦，我有所顾忌。

岂知他说："不用了，是写字。"

"不是说 14 的组成吗？"

"嗯，我记错了。没有算术作业。"他的回答始终那么溜。

我突然警觉："不对吧？"

"哎呀，我说实话吧。是本子忘记带回来了，没办法做。"

第一次从他嘴里听到"实话"二字，我无比欣慰："哦，下次注意。"

"推理" 的结果

这天，笛笛找妈妈聊天："妈妈，人老了就会变小。"

"是吗？你怎么知道的？"

"我看到奶奶变小了。"他说得很认真。

"啊，奶奶怎么变小了？"我开始诧异。

"是的。这次回去，我感觉她变小了。"

我笑了，调侃道："妈妈有没有变小？"

"妈妈没有。"

"哦，那奶奶是怎么变小的？"

"我猜是因为肚子里的肠胃变小了。胃都小了，人就变小了。"

"啊……"

难道不该是自己个子长高了，才觉得好一阵没见的奶奶个子矮下去了吗？

不管怎样，这是他"推理"的结果。因为人小胃口也小，他的饭量无法与大人相比，这是我们平时达成的共识。没想到他举一反三，反推出了个子小是因为胃小的结论。

自己擦屁股（一）

认识笛笛时他四岁，真正一起生活已经五周岁了。我错过了他最弱小、最稚嫩，智力发育也最迅疾的阶段，错过了他纯净、无邪的幼儿时期。这是我最为遗憾的地方。

于大人而言，那也是最艰辛的岁月。爸爸独自承担了抚育他的责任，可以想象其中的艰辛和无助。而那时的我，则以单身女人的自在与读高中的女儿相伴，恬淡、从容地生活和学习。

当命运让我们成为一家人时，我坐享其成，直接见识他五周岁的智力与老练，分享小小少年的快乐与烦恼，陪伴他五周岁以后的成长。他是生活赐予的一份太重大的礼物，我由衷地感谢因缘。

其实每位做父母的都一样，当一个孩子对你信赖，对你寄予渴望，与你形影相随时，他天使般的微笑只属于你，他的迷茫和烦恼都与你有关，这就是你莫大的荣幸。那么你要想的，是怎样做好天使的护卫，成为他最爱、最信赖的人。

进入生活角色，我首先需要做的，是教会他那些还没学会的生活小技能。他的行住坐卧、衣食情绪莫不需要妈妈的扶助和陪伴。我珍惜这样的机会，陪伴他、帮助他，我们之间的亲密已经牢不可破。

洗脸、洗脚他很快就学会了，虽然并不熟练，但他已经相信自己可以做许多事，甚至踊跃地要为大人服务了。

去年年底的某天，他如厕，指明要妈妈闻臭。我们在臭不可闻的空间里随机地谈论着什么，忽然他翘起小屁股，示意我给他善后。

这是无数次中的一次。我抽过纸巾弯下身，忽然想到什么："宝宝，有一件事很有趣，你想不想学？"

他直起身子望向我："什么有趣的事？"

"当一件事做完了，我们都需要收拾一下，就像起床要铺床叠被、玩好的玩具要收进箱子、吃完饭要收碗抹桌一样。"

"好啊好啊，那我做哪件？"

"我们都管这些叫收拾残局，叫作善后，也叫作擦屁股。"

"哦，我给谁擦屁股？"

"你给自己擦屁股，行吗？"

"哦，那，行吧……"他突然腼腆起来。

"你看，我们扯两张纸巾对折一下，然后……"我一边说一边示范叠纸巾，教他弯身，伸手擦拭。

他撅身让大人帮助时是多么轻松，然而要自己的手弯到身后，手掌托着纸巾去擦拭，竟然重心不稳趔趄起来，我伸手扶住他，让他平衡好身体。

看到他憋红了脸笨拙的样子，我才意识到擦屁股原本就是一件重大的事，只是我们早就将它忽略，还觉得谈论它很是低级和多余。当我们要责备别人办事没谱儿、不善后或撂下烂摊子时，才鄙夷地骂他们"不擦屁股"。

那些不愿意给自己"擦屁股"的巨婴，应该来看看笛笛的努力。

自己擦屁股（二）

又接着练习了几次，他便掌握了技巧，只是动作较慢。

再后来的几天，我发现他如厕不仅时间短，进出的动作也迅速起来，便跟踪观察，透过洗手间的玻璃隔断，发现他便后只是用纸巾"意思"一下，便穿起裤子走人。

没有揭穿他"进步"的秘密。晚上洗澡时，我"无意间"发现他内裤上的污迹，便问他是不是拉肚子了。他一看，作呕吐状，说没有拉肚子，真的没有。

"那妈妈就想不通了，怎么会脏成这样？"

"嗯，嗯，可能没擦干净吧……"他低下头，目光却往上扫荡着我的脸。

"没事，等下我们把它洗干净就是了。"我边说边让他去洗澡。

"今天妈妈教你洗衣服，好不好？"洗完澡穿好衣服，我问他。

他踊跃地说："好啊，好啊。"在水池边站着，接过自己的小短裤，按妈妈教的程序一下一下地搓洗起来。

擦过香皂，继续搓，搓出许多泡泡时，他开心地说："妈妈，我学会做好多事了，一件是自己穿衣服，另一件是刷牙，还有洗脸、洗屁股、洗脚，现在又学会了洗衣服，一、二、三、四、五、六，呀，一共学会了六件。"

"我家宝宝真棒！"我一边竖起大拇指赞他，一边帮他放掉脏水，注入清水。心想不是还有擦屁股吗，应该是七件才对。

那天以后的几晚，都让他检查短裤脏了没有。如果脏了，自己拿干净短裤换上，脏的洗好交给我。他积极地做着这些，每次都跟我说，今天擦屁股更认真了。

大约到了第四天，我们检查时，内裤变得干干净净。

算起来距今有三四个月了。

昨天是周末，在客厅看电视的他突然冲进厕所，叫声"大便"，门应声"啪"地关上。片刻门又被打开，他冲了出来，迅速回到电视机前。

我大感不解，探出头去看了看他："你刚才是……"

"大便。"他利索地应了一句。

"速度这么快，大干净了？"

"干净了。"他一直盯着动画片。

想到自己如厕的艰难，叹服"新机器"就是不一样。准备转身，又转头问："不对啊，再快你也没时间擦屁股，你擦了吗？"

他本能似的说："我擦了……"立即意识到什么，低下头去："没有……"

不禁又好气又好笑。为了电视如此奋不顾身，不由得叹口气，抽了纸巾走过去，褪下他的裤子。

他以为会得到批评，不想我直接帮他善了后。他竟然缩了缩脖子，不好意思起来："谢谢妈妈。"

"哈哈，不用谢，机会难得呢。"我冲他做个鬼脸，仿佛捡了个大便宜。

渴望摩天轮

去幼儿园的大马路边，有一块被圈很久的土地。

我们来来去去，终于有一天把话题落在它身上。笛笛说："路边要是建一座游乐场就好了，边儿上再建一所学校。"一句话勾勒出他的理想新世界。

"对了，这块地看起来是建多功能广场，好像就有儿童游乐设施呢。"因他乐而乐，我提醒他。

他即刻欢呼："太好了，以后有了摩天轮，我每个周末都要来玩儿。"

"有摩天轮？围墙上面画了吗？"我信以为真。

他不假思索，肯定地回答："有，肯定有的。"看，摩天轮仍是他的渴望，这个县城什么都好，就是缺了个游乐场。

再往返时，我们便注视那块地的建设情况。围墙围得严实，怎么看也没动静，却不影响我们的热情。把每个广告牌都看了几遍，仍然没有看到摩天轮的图样，按我的经验，应该是没有规划进去的缘故。我决定告诉他："他们没有画摩天轮，很可能不建呢。"

岂知他已心知肚明："我也发现了，真没有。"

"唉，我们想要个摩天轮，就这么难吗？"我不由得发起牢骚。

"如果是我，我就会建。这样，我长大了建一个。"笛笛淡然地应着，突然就下了决心。

"对，你建一个。想怎么玩儿就怎么玩儿。"我顺着他的话把子，"可是，到时你的小伙伴都长大了，你一个人玩儿会不会太孤单？"

"不会。我和妈妈一起坐。"

我认真算了算："那时妈妈老了，不敢坐怎么办？"

"这个好办，我早点建。"

"太好了！"由此，我也加入了渴望的队伍。

看不下去过去的自己

今天是周日，爸爸出差去了嘉兴。

也许是巧合，也许是必然。近期我发现，每当爸爸出差，家里只剩我俩时，气氛会更加轻松和愉悦。即使不是特别开心，也能处得风平浪静，甚为和谐。

他会更加听话，情绪也更稳定，大人有什么建议，他都能诚恳地面对，即使要调皮也在适度的范围内。

想到曾经的那些不愉快，我不免愧疚，试探地问他："妈妈老是生气，你怪妈妈吗？"

"不怪。是我要妈妈的时候，妈妈才生气。"不想他这样回答，末了又补了一句："我不要妈妈，妈妈就不会生气了。"

要妈妈？我感到震惊，他竟故意要妈妈？我的暴脾气竟由他一手导演？于是忍不住问他："你为什么要要妈妈？"

"这个，这个我也说不清楚……"说完便玩儿他的积木去了。

今天的作业是自己完成的，并没有像平时一样要妈妈陪着。晚饭也吃得开心而愉悦。餐毕，我一边察看手机上的时间，一边提醒他可以看一个小时的电视。

他忽然悠悠地说，想看一下手机。

我的手机只使用基础功能，因此他平时并不感兴趣。我把手机递给他，起身去厨房洗碗。不一会儿就听到他咯咯的笑声，我知道，他一定是看到搞怪的相片了。相册里，有出门游玩的、在家玩耍的，还有洗澡的、吃饭的、写作业的。

当我收拾停当，他还在看。"有一段特别有意思。"我一边跟他说着，一边翻出他大发脾气说"只有哭的日子"那晚的视频。

他看着看着突然捂住小脸儿，想看又不忍再看。那晚他发脾气的时间很长，视频也很长——一个"疯了"的孩子，在那里蛮不讲理地哭喊、撒泼，把桌上的东西掀得七零八落，妈妈劝一句就任性地爆发一次……

他透过指缝看镜头里的自己，一会儿又看看我的脸，感到特别不好意思。

他终于关了视频，站起来，小脸儿红红地看着我说："妈妈，看不下去了。"

我也难为情地看着他。

"是的，我也看不下去。不过那是过去的笛笛。"我赶忙宽慰。

"是的，我以后再不要妈妈了。"他拉起我的手，一起上楼。

"嗯，要妈妈自己也快乐不起来。"我唯有附和。

"不可能快乐的。"他说。

骨子里的乖巧与安稳

表面看笛笛是越来越顽皮了，对妈妈的要求常常"充耳不闻"，可是只要你用心，就能体会他骨子里的乖巧与安稳。

这天笛笛很安静，好像一心一意要做我的小棉袄。洗漱时，笛笛不失时机地问："妈妈，今天我睡大床睡小床？"

"你说呢？"我故意把声音拉得老长。

他心领神会，洗完脚直接蹦到大床上，迅速褪去衣物，揭开被子溜进去。不一会儿，就睡着了。

夜半时分，迷迷糊糊间只听他低声叫唤："妈妈，我口渴了。"

"口渴啊？半夜醒来都感觉渴的，没关系，睡吧。"我也睁不开眼睛，便想着蒙混过去。另一方面，又在头脑里迷迷糊糊地想，这半夜喝水的习惯若一直不改可怎么好，且不说端水麻烦，光半夜醒来影响睡眠，就会影响身体发育。我在心里盘算，应该改为睡前喝水。

"哦……"他应了一声。

一片寂静。

我在寂静中继续盘算，离上小学的日子越来越近，是时候理理他必备的能力，逐步训练加强了。

他侧了个身，以最小的幅度，生怕惊动我。过了一会儿，他又轻轻地把身体放平。我猜想他很快就要叫我，便睡意全消，专心等他召唤。

然而他没有。复又坚持了半晌，复又轻轻动弹。

"不行，这样翻来覆去更影响睡眠。"说服教条的自己，起身，去桌上端来一杯白开水，叫他起来。

"谢谢妈妈。"喝完水他说，躺下的刹那就睡着了。

刚认识他时，他就有超人的忍耐力。我和他的爸爸经常私下赞叹。只是随着自我意识的膨胀，它被淹没了。

无意识状态下的表现，是真实本性在做主，还有什么好担心的？

第一次对"家"负责

前晚表现似倔牛而妈妈大发雷霆后，笛笛有了一百八十度转变，仿佛回到了"史前"，乖巧得让我吃惊。吃饭干净利索，写作业也带着快乐的态度，行动有礼有节，还完全忘了电视遥控器。

我心知肚明，六岁的孩子，主观的羽翼逐渐丰满，即使有着反人性的克制力，也难保不"跑冒滴漏"，何况他总想试试身手。试着试着，就失了分寸，难免冒犯，难免碰壁。他是机敏的，碰了壁之后会调整自己，所以这两天他很"乖巧"。

每当确认世界仍然太平，他就会不知不觉进入下一个循环。我疲于应付循环，有时干脆漏个"糊涂"的馅儿，给他的顽皮、机灵留下"生存"的余地。只有当他动用"小聪明""诡辩"和"圆滑"时，我才拿起理性的剪刀。

现在我像每次"战后"一样，又剑拔弩张、枕戈待旦了。

今天他早早吃好了早饭，玩了一会儿积木。一起出门时，我因为提着垃圾，便喊他关门。他关了门随我进入电梯，当电梯门徐徐合拢，他突然摁下开门键。

"又干吗？"我警惕。

"看看门关好了没。"

"啊，你怎么也怀疑这个。"我吃惊。他那憨态可掬的爸爸就时常如此，总是反复问大门关了吗、车门关了吗，为此我们无数次返身去拉门。

笛笛探头望了望大门，放心地缩回身体说："我就是怕没关上。"

我致力于对付他的"小毛病"，盯着他的一言一行，于是准确地意识到这是他第一次对"家"负责，一下子瓦解了我心中的防火墙，生出一股由衷的感慨。于是忍不住调侃他："回头看门是爸爸的习惯，你怎么也有了？"

"因为我是他生的啊。"笛笛坦然地回答。

天真的好处

自从生活发生变化，我便极少与老友们见面。这天终于相聚，自然有许多近况要介绍，许多话要说。

一位姐姐终于忍不住，关切地批评："你怎么不想好呢，一个小孩儿养大要付出多少心血啊，以后还会有更麻烦的事。真够糊涂的！"

随着人与人之间越发疏离，"人情味"早已成了奢侈品，人们都自觉地保持"合适"的距离，对他人的生活不再置评。当她抛开顾虑这样问我时，我忽然有些感动，赶紧安慰她："我是平白多了一个孩子，儿女双全，赚大了呢。"

"你还这么天真，不可救药！"她使劲摇头。

天真由来已久，又在知根知底的老友面前，我只能笑笑。

"还这么天真"，无异于直抨我撞了南墙还不思回头，在生活与婚姻的挤压下仍然这般顽固，遇事不做详尽而现实的盘算，未厘清得失就一头扎进去，显得很傻气。

我确实是天真的，我很清楚。

也许正是"天真"作祟，心里一琢磨，却发现这份"天真"不是软肋，而是福报。它不仅没有拖累我，还让我的生活变得美好、有味。

在繁杂琐碎的生活中，假设我们光有耐力和担当，没有天真作底色，往往需要强大的坚忍作配套，须把含辛茹苦、任劳任怨和坚韧不拔这类品格发挥到极致。依赖它们，我们也能到达生活的彼岸，但却过于艰辛、困乏和苦闷，难以体会愉悦和幸福。

必须有一份天真。有了天真，你才有苦中作乐的本能，一切生活的赋予都被欣然接纳，一切生活的磨砺都变得稀松平常，一切生活的烦琐都是宝藏。这些，只可意会。

老友的关心我照单全收。她说得没错，因为天真，这次又"没有想好"，漫漫长路中将有更多的付出，承担更多的责任。她一定想不到，只要我的"天真"贯穿始终，它就能一直替我降解怨尤、化解疲乏，帮我在细微中体会快乐，在快乐中变得强大。

天真是对付苦难的化骨绵掌，是我与生俱来的财富和宝贝，更是跌宕人生的一把保护伞。

具体到养育孩子，因为有这份天真，我们才能与孩子同呼吸、共欢乐，将他们的稚嫩和笨拙都视作生命的美，将与他们缔结的亲情视作珍宝，享受它、呵护它。

因为这份天真，我和笛笛亲密无间，所做的一切都发自天然的母性。看着他在自己的呵护下茁壮成长，享受他成长中的点点滴滴，我体会到了作为母亲的无尽的快乐和满足。

那些对孩子居高临下的父母，应该是丢了这份天真的缘故。

妈妈，我爱你

聚会结束回到家，已是夜晚十点多。笛笛睡得很沉了。

摸了摸他的额头，汗津津的，身上的T恤却很干爽，看来爸爸刚替他换过。

把被子往下拉了拉。他的睡相好，总把被子捂得严严实实，这在冬天让人欢喜，初夏时节却叫人操心了。

床头柜上有一个红色信封。

拿起来端详，上面稚气十足的铅笔字映入眼帘——妈妈，我爱你。

展开里面的卡片，是一幅铅笔画——两个大人牵着一个孩子行走在原野上，鲜花遍地，阳光普照。

心弦被画面触动，眼眶一下子就湿润了，内心升起一股融融暖意。这是笛笛写给我的第一封信，通过这些稚气的笔画，他想要表达的我全都读懂了。

象形文字的前身就是图画。它直观、朴素，阅读的感受却是因人而异，于"心领神会""心有灵犀"方面，倒是一块绝妙的试金石。原来原始图画并不是出于祖先杰出的艺术细胞，而是源于他们与笛笛一样的表达诉求。

可以想象，我不在家的夜晚，笛笛是怎样愉悦地准备着这些。那温馨的画面与我有关，我却无缘得见，生活真是充满了悖论——我不知足地摇头。

拿着信封和卡片回到笛笛的床前，望着熟睡的他出神。以往是爸爸应酬多，我偶尔不在家吃晚饭，他一定觉得诧异，也一定等得焦急。

被孩子挂念是何等幸福，胜过无数现实的名利与得失。

想到那位姐姐的不解，我忽然间明白了——她之所以能保持理性，是因为不认识笛笛的缘故。

又一个循环开始了

早上，该吃饭了，笛笛坐在餐桌前，直愣的眼睛望向虚空，一副迷蒙的样子。

我敲敲桌面示意他，没有反应，用更大力再敲，他才悠悠地望过来，表情木然。我提醒他："快吃饭吧。"

"饭烫。"只见他双唇轻微抖动，冒出两个不很清晰的字音。

"哦，你吹吹。"配合他的懵懂，我用轻巧的语气说。

他动也没动，说："吹了，还烫。"

我的预感得到印证。再说什么都是枉然，埋头吃自己的早饭。

傍晚回到家中，无论怎么与他搭讪，最终都变成了自说自话。好吧，我的宝贝又进入了"厌倦期"，我在心里阿Q地想。对大人的意见充耳不闻，想干什么就独自去干。所幸都在安全范围内，我们便听之任之。

唯独吃晚饭时，需要他亲自坐到餐桌前，需要他亲自把饭菜吃进肚子。信马由缰又被打搅，他坐在椅子上扭来扭去，很不安稳。说口渴要喝水，喝好要小便就去了厕所，都是玩耍时顾不上的。再坐下，却开始抓耳挠腮，把饭粒弄到头顶上开成了雪白的花儿，就是没往肚里咽。

当他要跟我们说什么时，我们开始沉默。

当他左顾右盼说水喝完了要拿牛奶来喝时，我说别喝了吧，牛奶胀肚子，会吃不下饭。

他立即捂了耳朵。见我打住话头，便去冰箱里自取。为了不将饭桌变成战场，两个大人保持沉默。

可以确定，又一个循环开始了。

"十天" 的承诺

好动是儿童的天性，可沉默算不算大人的纵容呢？我在心里打鼓。只要这种"捣蛋"存在，父母便不甘心坐视不理。

笛笛神气活现地取了牛奶坐下。我将心一横，冲他微微一笑，趁他诧异之际用平静的口气说："今天是第三天，已经开始要顽皮了。妈妈知道某人马上要旧病复发——回到那天'油盐不进'的样子了。妈妈说得对不对？"

"不对！"他像突然打了鸡血。

"不对？那对的是几天？"我紧追不舍。

"十天！"他想都没想，就嘎嘣脆地报了个数儿。

他有天生的巧舌，擅过眼前关，至于能不能做到是后续的事，而后续的发展，往往令大人抓耳挠腮外加气急败坏。所以我不相信，嘴里却说出另一句："好！妈妈相信你！这一次我们可要说话算话！"

"说话算话！"他从不吃眼前亏。

"那，今天是第三天，你该怎么做？"

他一听此话，便用汤匙在碗里快速搅动，扒拉着塞了几口饭进嘴。很快，嘴巴鼓得像个肉包子，嘴唇嗫着，不能动弹。

"你是这样来表示你能好好吃吗？恰恰是不好的吃法呢，看来你要输了。哼哼，十天？"我得意地轻笑一下，低下头默默吃饭。

他忽然想到什么，吐出嘴里的饭，开始一口一口地嚼起来。

终于把饭吃完，我开始收碗筷，同时忍不住催他："你上楼去把作业拿出来做了吧。"

"不行啊，妈妈没上楼，我就不去。"他善于拖延。

快速洗完碗，我径直上楼。在书桌前坐定，我提醒他："妈妈已经上楼了，你来吧。"

他慢吞吞一步三摇地挨着楼梯扶手，十分缓慢地往上蹭。我呷了一口茶，平息一下心中的不耐烦。

笛笛终于在书桌边站定，眼睛揶揄地睨着我，掩饰不住内心的得意。

我才不捣蛋呢

每当笛笛显出"捣蛋"的苗头，我就和他数日子。接连几日，倒也过得有惊无险。他始终没有颠覆自己"十天"的承诺。

有时我们还能平心静气地交谈些什么。

这天，我们谈到克服缺点。他问："妈妈，缺点是什么？"

我告诉他："缺点就好像一朵漂亮的玫瑰花被虫子咬去一大块，让本来很好的东西不再那么美好了。缺点多的人，当然就没有缺点少的人更美丽。"

忽然担心他没听懂，便说，其实每个人都有缺点，随着成长，会把一些显而易见的缺点克服掉，那样能让自己多一些顺利、少一些弯路，能让自己少受别人白眼，赢得更多人的喜爱和尊重。

"妈妈，是不是好好吃饭，好好睡觉，好好学习，就没有缺点了？"

"这些是优点，是这几个方面做得不错。随着你长大，你就不光要做到这些了，还需要对人热心、善良、不自私什么的，当然还有很多方面……"

"啊，妈妈，干吗要这么麻烦？"

"咳，咳，做人本身就不简单。"我开始顾左右而言他。

第七天晚上，他又要妈妈陪上楼才肯做作业。"是你做作业啊，不是妈妈。"

"不，妈妈不在我就不做。"他有点要赖。

我气急败坏，上楼坐到书桌前。他一脸油滑地站着，一副胜利而隐忍不笑的样子。我风险提示："你让妈妈陪，就是让妈妈来监督你，妈妈会尽责的哦。"

他忽然一笑，坐下，在我的注目下一样又一样地拿出本子和文具，似乎很享受这被监督的过程。我不放心："明天第八天，过两天是不是就要捣蛋了？"

他倏地坐直了身体，掷地有声地回敬："我才不捣蛋呢！"

世上无难事，就怕"认真"二字

当数学作业写完，他便迫不及待地搭起积木来。

我照例检查他的书包，发现了拼音作业本上没写的作业，他无奈地接过去，提笔就写。

　　当我从阳台回到室内，在画案上练习书法的爸爸在和身边晃荡的笛笛说话："写好了？拿来给爸爸看一下。"

　　"不用了爸爸，妈妈看就行了。"笛笛回答得很贴心。

　　"拿来吧。"爸爸深沉的声音有些不可抗拒。可是难不倒笛笛，他回到自己的桌边，继续搭积木。

　　"把作业给爸爸看看。"作为负责作业的"权威人士"，我用特别清晰的声音跟他说。他于是慢吞吞地把作业本递到爸爸的手上。

　　"写得不好。"爸爸言简意赅。笛笛闻言非常不开心地拿过本子，扔回书桌，又开始搭积木。

　　我拿起来看，字母果然写得潦草，而他的脸上正露出一股厌恶的表情。拼音书写也蒙混了——在我不懈的关注下，他的态度仍然日复一日地恶劣，我内心非常挫败，热血开始往脑门上涌。耐着性子，倾尽所能地用平静的语气跟他说："看，这个地方写成另一个字的拼音了，还有，这个，这个，妈妈都快认不出来了呢。"

　　他不理会。

　　我继续忍着："宝宝，你知道的，认真起来你是最棒的。"

　　他继续不理会，手里一刻不停地变着法子搭积木。

　　我在心里叹息，都说好孩子是夸出来的。这样的作业，可叫我怎么夸得出口呢？犹豫之际，爸爸一言不发地走来，径直拿过本子，用橡皮擦了起来。

笛笛看着爸爸把一整页写好的作业都擦光了，眼泪开始在眼眶里打转。

我坐在他的对面，一言不发。

爸爸以他一贯的低音吐出两个字："重写。"便走开了。只见笛笛无力地提起铅笔，在空无一字的本子上，赌着气，一笔一画写起来。

当他默默地把作业本递给我时，我看到一版从未见过的极工整的拼音字母。我很惊诧，原来这个每天把字写得东倒西歪的家伙，已经能把字写得这么好了！我望着他，他也怯怯地望着我，仿佛在等待另一场惩罚。

"你见过自己这么好的字吗？"我问他。

他摇摇头，回答："没有。"

"你知道你能把字写得这么好吗？"

"我不知道。"

"如果每天都这么认真，字越来越工整，是不是很好呢？"

"是的。"他破涕为笑，眼睛一下子亮了起来。

一天之计在于晨

那一晚，笛笛做作业时百般不爽，以致妈妈最终发了脾气。

高压之下作业很快完成了。睡前，我看着他。

"妈妈，有什么事吗？"他问。

"没事，只是看看你。"我正在自责中，被这么一问，即刻生出贪心："妈妈想啊，你完全能又快又好地把作业完成，然后剩许多时间用来玩耍，可惜今天你浪费掉了。还惹妈妈生气，妈妈很委屈。你要好好想想，想明白了，明天早上跟妈妈说说。"

"好的，妈妈。"他没多说一个字，便合上了眼睛。

第二天一早，唤他起床。他坐起来，我一边递去外套，一边说："你记得有一件什么事吗？"

"妈妈，对不起。"他毫不含糊地道歉。

忽然感到早晨的可贵，它不仅没有诸多恩怨的堆砌，还有最本初的宁静与平和。鉴于近来笛笛表现的变数太大，每每思忖如何鼓励和夸奖才不显得突兀，还能被他欣然接受，不想答案竟在这里。

于是最近的早上，常常有这样的告白：

"宝贝，昨天的作业写得真棒，妈妈想起来就开心。"

"笛笛洗脚那么用心，还自己换了内裤，自理能力很好呢。"

"宝贝，你说的那个故事真好听，今晚再说一个给妈妈听，好不好？"

听到这些话语，他总是照单全收，一脸笑容。

无数个白天和夜晚，当我们的情绪被他裹挟，是很难发现他的"亮点"并给予表扬的，有时甚至是没有心情"以德报怨"。次日清晨就不一样了，硝烟已经散尽，刚过去的一天总能发现一点让你欣慰的事，拿出来回味一下，既是给自己信心，又给了他迟到的表扬。

这些表扬笛笛是乐于接受的，甚至能让他开心一整天。

昨晚在爸爸的要求之下，拼音字母写得异常工整。早上，笛笛在床上翻来覆去，我走过去跟他打招呼："早上好宝贝，起床吧。"

"好的妈妈，早上好。"

"妈妈很开心，你知道为什么吗？你的字写得那么漂亮，我被你惊艳到了！"我竖起大拇指。

"哈哈，我也很高兴，妈妈。"笛笛大声笑起来。

然后的然后

笛笛跟爸爸参加了一场婚礼。

晚上，他躺在床上睡不着。喝完一大杯水后仍不肯睡，缠着妈妈问："结婚是怎么回事？"

"结婚啊，就是两个相互喜欢的人决定在一起生活。"我极其抽象地回答。

他立即换了表述："妈妈，讨老婆怎么讨？"

"讨老婆，就是把你喜欢她而她也喜欢你的女孩儿娶回家。当然，得等你长大才行。"

"长大，要长到多大？"

"你是男孩子，长到差不多三十岁吧。"我突然起了"歹心"，故意把岁数说大。

哪知他即刻表态："我不要等到三十岁，想早一点。"

"早了，万一你还没工作呢？"

"工作？然后呢？"

"工作了才有收入，才能养家啊。"

"怎么养？"

"你要给家人好的生活环境，要建一个家。每天的吃、穿、用都要花费钱财，还要给孩子交学费呢……"

"然后呢？"

"然后孩子慢慢长大。"

"然后呢？"

"快睡觉吧，我的小爸爸！你再不好好睡觉，怎么长大啊？"

"好的，妈妈。"他快乐地拉上被子，很快就睡着了。

饭局上的"球赛"

这天，我们又参加一场饭局。笛笛欢欣鼓舞地出门，我则满腹心事地跟在他后面，一边嘱咐他注意礼貌，一边提醒他，最重要的是喂饱自己。

对于饭局，我越来越没有热情。可是作为人群的一部分，需要保持良好的人际往来。当笛笛在我身边坐定时，我悬着的心才慢慢放下。等待来宾与食物，对笛笛也是一种考验。然而今天，他十分地有耐心，对于大人的调侃，也司空见惯般老练地应对。

菜看一样样上桌了。我一边带着平静而礼貌的微笑，为笛笛挑选食物，一边回应他人的言语和客套。

我佩服这些擅长交际的朋友，他们乐此不疲地聚在一起，热闹地八卦扯淡、激烈地嬉笑怒骂、回忆青葱岁月的无知、悲叹时光的无情，总能够滔滔不绝。仿佛唯有如此，才能表达彼此的深情厚谊，才能排解内心无涯的寂寞。仿佛只有这样，才是同呼吸共命运的真朋友。

身处这样的场景，我的关注度只比笛笛强一点儿——他半小时，我一个小时以内。当笛笛开始转动身子时，我的热情散去大半；当笛笛吃完他碗里的菜看时，我开始打哈欠并伴有耳鸣；当笛笛跑到沙发上去打滚时，我开始精神涣散。

渐渐地，一桌子人的说话声因过度撞击而飞散，我看见一群激烈地演哑剧的演员。

这不是无效聚集吗？我在内心悲哀地想，这真是一群生命的相互捆绑与消耗。我感到荒废与衰败，开始怀疑人群的能量。当笛笛招呼我与他一块儿玩耍时，我欣然而起，似乎老天爷垂怜，赐了我一条"活路"。

应他的提议，我把墙上的气球取下来。像拍排球一般将气球往他的头顶拍过去，他挥起小手，一掌打回来。

然而气球太过轻飘，在空中忽上忽下、肆意飞舞，我只好发动四肢一起来对付。笛笛则使出全身的力气，上蹿下跳狂魔乱舞般地接球、踢球了。

我们旁若无人，从包厢的一侧战斗到包厢的外边。

笛笛在背对着包厢门的时候，突发奇想，说："我守门，妈妈来攻门！"于是我们便把"排球"变作"足球"，成为进攻与防守关系。几个回合之后，我以身高优势把球从高空攻了进去。换作我守门了，笛笛突然化作一头狮子，勇猛地向我冲过来。我死死地拦着大门，他竟变身为肉弹，抱着气球撞开我，冲进了包厢。

笛笛赢了，我们笑得前俯后仰。

返家路上，满头大汗的笛笛无比欢欣："妈妈，今天玩得真开心啊！"

其实我更开心，是笛笛将我从一场无聊的应酬中营救了出来。

想象中的海底世界

吃过晚饭，爸爸出门去会朋友。

习惯了三个人相守，当其中一个要出门时，另两个人理所应当要做别的打算。我们一对眼神："笛笛，我们去散步吧。"

"好啊，好啊。"吃着最后几口饭的笛笛赶忙回应。

"对了，我们有一棵花草要带给奶奶种。我们去徐村吧？"

"好啊，好啊。我好久没见到奶奶了。"

如此一拍即合，我们便驱车往徐村而去。笛笛很兴奋，打开了话匣子："妈妈，你知道海里有什么吗？"

"啊，你说海里有什么？"我一边开车，一边在大脑里搜索。当我拐过一个狭窄的弯道，那些海洋生物全都从脑海中跑掉了。

"妈妈，还是让我告诉你吧。海里有很凶猛的动物，有大白鲨，有海龟，还有大蛇、蝎子。你知道吗？"

"蛇怎么跑到大海里去了？"我无心地漫应着，在一个红绿灯前刹车。

"海里的蛇啊，它有很大的身子，长长的，赶上大电鳗了。"

这个电鳗，我曾听他说过，不知他为何如此感兴趣。当他再次提起，我开始反省自己知识的空白，赶紧问他："那你说的蝎子是什么样子？"

"我说的蝎子就是海蝎子啊。它的头像蝎子，脚长得像螃蟹，尾巴像乌龟。真的，可厉害了。"笛笛在我身后，因为说得太起劲而站起来，嘴巴就在我耳边，声音清晰地灌入我的耳朵。

"还有一种鳄鱼鲨，嘴巴像鳄鱼那么长，身体很大，可吓人了。啊，啊……"他学着那个神奇的动物叫唤的声音。

"那么它靠什么生存？"

"它……它可厉害了，真的很厉害。它吃海里的生物，好多东西都敢吃。"他一边思索一边回答，我几乎能猜出，他描绘的是想象中的海底世界，而现在，他正在大费周章地把话圆下去。

"啊，那么它会跑到陆地上来吗？"我有心调侃。

"不会，它在海里自由自在的，懒得上岸来。"

"那就好，我不用担心了。"

"哈哈，妈妈，你不用怕，有我保护你。"

一时触动，竟不知道如何接话。笛笛立在我身后，我知道，此刻的他胸膛挺得直直的。

然而到了奶奶家，这个顽皮的家伙竟端着枪向我开火。

"不行，你不能欺负妈妈。"我幼稚地躲到奶奶身后。

他仍然无情地，咆哮着向我们冲过来。

然后的然后续篇

在奶奶家待了一会儿。

我突然想起什么，跟笛笛说："带我去看看土豆吧？"

早在前年，他就在一位长辈"密友"的诱导下，说他自己的女朋友叫土豆，结果成了公开的秘密。去年春天的某一天，他主动跟我说："妈妈，我带你去看我'老婆'吧。"

我当时的第一个反应是淡化："好是好，不过还是等你们长大仍然互相喜欢再说吧。"

他便不再提起了。也许觉得我太认真，也许只是忘了。

我主动说要见土豆，笛笛竟不惊喜，不假思索地回道："她睡觉了。"

"不会，现在还早呢。"我跟奶奶异口同声。

"我说她睡了就是睡了。"他好像真是一家之主。

难道不想让我认识？于是我丑话说在前头："不想带我看，那以后就不要带来跟我见面了哦。"

"不行！"他果断且霸气地说，"就要带来跟你见面！"

"不用那么麻烦……"

"就要！"他掷地有声。

我的耳朵被爸爸扯大了

这天起床，笛笛心情非常好。时间还早，他玩起积木来。

喊他吃饭，他正专注于搭建他的卡通王国。见到我便加快了动作，找出一块绿色的拼板。见他舍不得放下，我催促道："快，吃早饭了。"

他却用惊讶的口气回应我："咦，这块是我没咬过的！"

我忍俊不禁。一直敦促他用工具拆积木，他总是虚心接受但坚决不改，回头仍然用嘴巴咬，似乎卫生问题就该妈妈操心。

那么我们的乐高可以这样分类，一类是咬过的，另一类是没咬过的。以他惊喜的态度看，漏网之鱼堪称稀有，因此才这般惊叹。

这显然让他愉快，早餐一会儿就吃完了。该出门了，他敏捷地打开大门、按下电梯，站在那儿等我。

我穿好鞋子急急出门，电梯已经到了，我们急忙跨进去。见他领子没有翻好，伸手替他抚平，同时摸了摸他的头。他回头看着我笑，我也望着他笑。

"看看，都像今天这样，我们就不会被扯耳朵了。以后我们要都这样哦。"看着他大大的耳朵，开心的我口没遮拦，突然来了这么一句。

听到"耳朵"两个字，笛笛本能地举手捂住："我的耳朵被爸爸扯大了，呜呜。"

前几天他去剃了头，头发剪短，耳朵便突显了出来。我乍一见就忍不住调侃他："为什么笛笛的耳朵特别大？难道是被爸爸拽的？"

他当时的反应就如今天，双手捂住耳朵，同时幽怨地望向爸爸："是的，爸爸拽的。"爸爸并不暴力，拽耳朵是在他过分调皮时偶尔为之。他见爸爸一脸无辜，更来劲了："就是，就是。"

现在的动作与那天如出一辙，我便调侃升级："你可以不被扯耳朵的，只要……"

"不，全都怪爸爸！"他反应激烈地说。

"怎么全怪爸爸呢，如果你不捣蛋，爸爸怎么会拽你耳朵，你要讲理。"我转而忙不迭地解释。

"就怪爸爸。"他不依不饶。

电梯到了清凉的楼底，我内心却烧起了火焰："你不能这样蛮不讲理，爸爸那么爱你，你却什么都怪爸爸。你对爸爸不公平。"

"都怪爸爸，反正都怪爸爸。"

"要怪就怪自己不听话。"我纠正道，内心已然十分烦躁。

而他则不停地说："都怪爸爸把我耳朵扯大。"

"你不讲理！"

"就不，怪爸爸，怪爸爸……"上到车里了，他仍然在唠叨。

我无比烦恼地启动车子，放下手刹，踩下油门，不再理他。

一个美好的早晨，在一片埋怨中结束。我在内心自省——对于不善幽默的小朋友，打趣，往往是打跑趣味，陷于无趣。再说了，打趣招致负情绪却没有立即中止，说明我这个大人水准有限。

一对欢喜冤家

笛笛时而乖巧，时而烦躁，时而理性，时而冲动，时而对你贴心欢喜，时而又顽固不化。如今的我们，是一对欢喜冤家。

那天一路闲聊，我问他："谁是幸福的宝妈？"

他不假思索："笛笛的妈妈。"

"哈哈，笛笛的妈妈，这个称呼我喜欢。你知道为什么吗？"

"因为你喜欢我！"他很自信。

"你呢？你讨厌妈妈吧？"我倒不自信起来。

"不可能，我喜欢的！"他坚决地回答。

"我经常骂你、管着你，你为什么还喜欢？"

"我就喜欢。打我、骂我，我也喜欢。"

"原来你喜欢别人打你、骂你？"我开始耍阴招。

"我喜欢你，就是打我、骂我也喜欢，我知道妈妈是为我好。"以幼儿园大班的智慧，他尽最大可能地把道理跟我掰清楚。

听到他如此肯定地回答，我才真正消除了顾虑——只要是为他好，无论多严厉他都不会埋怨我，他明辨是非。

如果他知道了我的心思，会不会后悔给我这么重要的信息？

童子尿大作战

前天晚上，我突然变得疑神疑鬼，在书桌边转了好几个来回。一股尿骚味似有若无，隐隐约约的，好像某种心理作用。我坐下来，再三环顾后，确认这是幻觉。

今天，爸爸突然送给笛笛一个大箱子装玩具。笛笛很开心，把自己盒子里的玩具一股脑儿往里倒。他并没有倒完，就开始搭起积木来。玩儿了一阵，他跑到爸爸那边蹭电脑去了。

过了许久，那个残局负责人——我，实在看不下去，便走过去，蹲下身子收拾起来。

一股刺鼻的尿味扑面而来。拿起那个漂亮的纸盒凑近鼻子，没错，是尿骚味！再提起那个木盒，气味更浓！

一股热气腾地冲出大脑："笛笛！笛笛！"

笛笛知道不妙，应声就到了。我把那只木盒递给他，他的小脸儿正好凑上来。我盯着他，他的表情由调皮、油滑转而变成恶心和呕吐。

剧情立即反转成一场批斗会，直到笛笛表现出真正的、无处躲藏的窘状。我们一起把玩具搬到阳台，装进爸爸新赐的塑料箱，灌满自来水，滴上足够的 84 消毒液，哗哗哗地搅拌。

我俩齐心协力、热火朝天地干得非常起劲，俨然一次有益的亲子活动。趁我清洗的当儿，笛笛不断从各处找来别的玩具，借这个机会彻底清洗一番。

"笛笛，你要记住哇，这些积木都是尿泡过的，千万别再用嘴巴咬了。"我添油加醋地提醒。

"可是妈妈，已经洗干净了呀。"他一本正经地说。

"你只要想到尿泡过的，总该恶心了吧。"我险恶地补上一句，他应声呃地吐起舌头。如果他从此不再用嘴巴咬积木，坏事总算有点好处，我天真地想。

一个健康活泼、聪明伶俐的孩子，成长的过程总是这样吧——各种天真、各种搞怪、各种莫名其妙、各种邪门歪道。

我在心里数了数，笛笛做过的趣事还有：用口香糖粘头发，最后不得不把那撮头发剪掉；看电视尿急，在客厅的垃圾桶解决；趁大人不备，把饭倒进厕所；偷偷剪刘海，最终剪成狗啃式，还细心地把头发藏起来。

下次会出什么么蛾子？想着想着，竟开始期待。

由搓痧想到的

中医有刮痧疗法，据说源于旧石器时代，历史悠久，应用面广。因为各种因缘错落，我对它一直没有具体的认识。

从小生活在农村，其实没少听说刮痧。印象中仿佛只要人不舒服，都可施用。因为爸妈都不谙此道，小时候偶染小恙，我们都用西药解决。

从没领教过刮痧，所以它在心里便抽象而神秘。

爱人却相信刮痧。去年偶感风寒特别难受时，便让人给他刮了痧，刮过之后人明显就有了劲道。因为没有亲见，对刮痧仍然有隔膜。岂知上周爱人再次不舒坦，叫我给他刮。我吓得不知所措："刮痧！怎么刮啊？"

"没工具，你用手指拽。"他用右手给我示范。用手拽叫搓痧，与刮痧是一个道理。我遵照指示，张开勾起的双指，照着他指定的肩颈部夹下去。肩膀结实，我使出吃奶的力气才能夹住，拽拔了两三下，手指便没了力道，然而他的肩头已经渗出血泡来，顿时手软，连呼不行，再也夹不下去。

"真没用。"爱人自己动手，对着手肘内侧使劲拽。

周日在家读书，读着读着便神情恍惚，头脑昏沉，四肢也开始无力。因为意志上尚能忍耐，便没作声张。晚餐后越发觉得胸闷欲呕，便照老经验——上床睡觉，希望一觉醒来能神清气爽。

爱人送走一位外地来的客人，到家听笛笛说我病了，立即过来询问。"这样是不行的。"听我说完他就拉起我，手指已经到了我的肩头。

"不，我不要！"意识到危险，我惊叫起来。

"不要也不行，一会儿就好了。"他不由分说就给我搓痧。

太痛了，我跳起来试图阻止他："不要刮！我没关系，睡睡就好了。"

"不行，这样人哪吃得消。"他硬着心肠。

"这个才吃不消，我怕疼！怕疼！"突如其来的皮肉之苦使我恼怒，我左闪右挡要躲开他，同时因为锥心的疼痛而涕泪俱下。"不要！

不要！"我愤怒地喊。爱人仍坚定地对准穴位拽了又拽，一边责怪："看看你，血泡这么快出来了，还说没事！"

笛笛被惊动了："我也这样过的，我也这样过的。"

我在混乱之中，无法辨别他是幸灾乐祸还是感同身受。因为受了极大的委屈，爱人一松手，我便倒在床上不再理他。

当他再次返回时，我使劲地翻过身去。

"看来有劲儿了哈。怎么样，是不是好多了？"他嬉皮笑脸。

"哼，懒得理你。"我蹬一蹬腿脚表示愤慨，同时定了定神，头脑果真没先前那么胀，胸口也没那么闷了。

"哎哟，真生气啦……"

"我不高兴！"用力回敬了一句，两秒钟后却"扑哧"一下笑起来："天哪，这是笛笛的台词！"

爱人放心地出去了。我在床上琢磨——每次话不投机或对我们的要求、决定不满意时，笛笛就双手往胸前一叉，将头撇向一边，用加重的语气来一句："我不高兴！"

"我不高兴"今天却被自己脱口而出。爱人替我搓痧，是为了我能尽快康复，效果也很明显，我作为成年人，刹那间仍然非常不高兴，以致强烈抵触。

推己及人，我们对笛笛的"干涉"哪次不是出于爱？他的那些不开心、不合作、烦躁甚至暴跳如雷，也许是因为使性子，也可能仅仅是因为没有思想准备、打破了以往经验。

凡事谈条件有多不好

吃早餐，三个人刚坐下，便见到笛笛一副柔弱无骨的样子。我强作欢笑跟他说："宝宝，今天还早，吃完饭还可以玩积木哦。"

他望了望我，没有吱声。小匙子在碗里大幅度地舀着稀饭，半天也没有往嘴里送一口。我们两个大人只好认真吃自己的早餐，做出胃口大开的样子，不时地往他碗里送上一点菜肴。他自顾自地舀着快变成汤的稀饭，荷包蛋也没咬上一口。爸爸把奶油包子送到他嘴边，他头一歪避开了。我递上一节玉米，他用劲摇头，见他几乎要抗议了，我赶紧收回手，把玉米塞进自己嘴里。

要忍耐，不能把每一餐饭都变成战争。我在心里安抚自己，一边想办法稳住笛笛，使他能安心地吃下去。然而他对我的话语不置可否，还露出无所谓的态度，动作更加缓慢了。

爸爸用明显放慢的速度把自己喂饱了，悠悠地坐了一会儿，最后，收拾好自己的碗筷上楼了，那背影，充满了忍耐和无助。笛笛把脸从爸爸身上转向我这边，我假装津津有味地吃着。

他却停了下来。

"啊，爸爸都吃完了，我们快点吃完，还能玩儿一会儿呢。"我用鼓舞的口气说。

"我不要玩积木。"他眼珠子转了转，用麻木的口气说。

"哦，不玩儿就不玩儿吧。"原来是我没话找话出的岔子，谨记沉默是金！此刻，我只好顺杆儿爬。

"不给我看电视，我就不吃饭！"他突然用凌厉的口气说。

一怔，看到他小脸儿上一股子横劲儿，我低下头啜一口稀饭。

"就不吃，不给我看电视就不吃！"他继续念叨。

"宝宝，吃饭是你自己身体需要，你还小，需要营养。乖，好好吃。"我耐着性子。

不用说，这顿早餐是彻底泡汤了。我罕见地不再坚持让他把稀饭吃完，时间一到，就领着他出了门。

路上，我沉吟一番之后，严肃地跟他说："以后，我们都不要动不动就谈条件。我们不能连吃饭、喝水、睡觉都要谈条件，对不对？以后你会明白，凡事谈条件有多不好。"

没想到笛笛却说："什么呀？我没听见……"

我不由得发懵。

关爱不是枯燥地说教

一

招呼笛笛吃早餐。

当我吃完，急着上楼去晾衣服时，笛笛突然说："妈妈上楼了，我就上楼。”

刚踏上二楼，他果真丢下饭碗尾随而来。一抬头见我望着他，他一怔："哎哟!"眼珠子转了转，很快镇定了神情，继续往上走。

我歪头看着他，他装没看见，从我身侧挤了过去。

忽然不知道该怎么对待。这死猪不怕开水烫的态度，动之以情、晓之以理行得通吗? 正琢磨着，他说话了："我就是不吃饭。"

我再也压不住内心的怒火，抡起手就拽过他的耳朵（对不起，拽耳朵确实方便，请勿效仿），拉下楼去。看来，维持慈母形象是世上最艰难的事。

我们仨又重坐回餐桌。我问："说说看，妈妈吃好了，算不算你吃饱了?"

"算。"他头一歪，蛮不讲理地回敬。

"妈妈吃饭怎么等于你吃饭呢?"爸爸用平和的口气开导他。

笛笛拿眼睛狠狠地盯着我，有更大的怨气在胸中酝酿。

"妈妈很抱歉，吃的饭全进了自己肚子，所以是靠不住的。笛笛只有靠自己吃才行。"我只有坦白。

他继续盯着我。

爸爸无奈地打圆场："你再吃三口吧。"

他飞快地往嘴里舀了三口汤汤水水，径直上楼去了。

二

将笛笛交给爸爸，我独自上班去了。

一路上心情起伏跌宕——如果连一个孩子都带不好，我还有什么值得称道？

笛笛最近吃饭的态度，时而消极应付，时而负隅顽抗，甚至把好不容易消泯下去的"狡猾"都激活了。

他是顽皮的，而且越来越要体现一个"长大"男孩儿的气概。如果可以，他完全应该把吃饭化为一桩小事，好腾出大把的时间和精力来玩闹。要知道，这种拖延，使得他无法尽情地按照自己的心意去玩乐，因此心境大坏，甚至连写作业、洗脸、睡觉都受影响。

当他被迫喝下几口稀饭的时候，于他并没有多大意义。

如果情绪好、胃口又好会是什么情景呢？

晚饭讨价还价，早餐则更加厌烦，会不会是胃口不佳引起的？我不禁反思起来。

近来我们有些执念。在伙食方面多从营养搭配考虑，样式虽多，却不招他待见。比如他爱吃的蛋炒饭就中断好多天了。我们一方面积极地张罗不一样的食物，另一方面疲于应付他的顽皮和躁动、打压他的小聪明，在万般的重视中，忘记了他那天生的偏好。

于是给他爸爸留言，还是要照顾到他的饮食偏好。偏好，对孩子而言是无道理可讲的，得顺着这根主线，慢慢扩大他喜好的范围。

一切强硬的要求，都会使他心存芥蒂或如临大敌。

傍晚回到家，找出年前没吃完的钙铁锌咀嚼片，递到他的嘴边。他愉快地含进嘴，很享受地说了句："谢谢妈妈！"

忽然领悟，关爱不是枯燥地说教，而在于春风拂面的点点滴滴。

我给自己定下规矩（又定下规矩，但愿不要再忽略），每天都要给他关爱的信号，使他明确地感知大人的爱护。

钙铁锌咀嚼片仅仅是营养补充剂吗？不是。

妈妈最害怕什么

不知怎么说到动物。

我顺口问笛笛："知道妈妈最害怕什么动物吗？"

他不假思索："妈妈最怕我，怕我不乖！"

"哈哈，你说什么？"我大笑。

他也大笑起来："我说对了吧！"

"你傻不傻，你是动物吗？你是妈妈的宝贝！"我狠狠地白他一眼，"不准这样骂我儿子，我儿子可棒了！"

"哦哦，我搞错了。那妈妈最害怕什么动物？"他显然松了一口气。

"我啊，我最害怕蛇啊。没手没脚没羽毛没翅膀，长得太奇怪了。"

"那妈妈不怕龙吧！龙有四只脚，可以腾云驾雾。"因为属龙的缘故，他最近特别喜欢说龙。

"那当然。龙多威风啊，呼风唤雨，本事大了去了。我儿子长大了也有大本事的！"我无比自豪地比画。

"咯咯咯，妈妈说得对，说得对……"笛笛实在忍不住，开心地笑起来。

大部队和他的总指挥

笛笛喜欢吃蛋炒饭。每次炒饭时，我都会加水焖一会儿。饭如果硬了，对一个儿童来说是很大的考验。

用餐时，面对香喷喷的蛋炒饭，精神抖擞的笛笛突然又蔫了下去。照例要喝水、要上厕所、要抽张纸巾，甚至还拿了牙签来。缓缓地舀起一勺饭，送进嘴，含着。

孩儿脸六月天，变化无可名状。

我催他快吃，他才勉强地动动口，动作非常缓慢。

如果他能选择，他一定会放弃一日三餐这铁一般的生活教条。于他而言，养生专家说的定时定量，不过是教唆父母更多地压迫小孩儿而已。

我忍不住说："笛笛，吃饭要用劲儿的。牙齿要像大部队一样，咔嚓咔嚓地咬下去！"

"大部队？"作为男孩儿的他听到这个词立刻来了精神。

"是的，你是总指挥。你得带好你的队伍。"我趁热打铁。

"好！"见我一鼓作气，他应声就直起腰板，张大嘴巴，咔嚓咔嚓地大嚼起来。不用说，那口饭顷刻就进了肚子。

晚饭吃得很顺利，情绪也就大好了，作业也利索地完成。我们一起去小超市，为他买些明早炒饭用的配菜。我彻底打消了转变他口味的打算，而要把蛋炒饭做出新意来。他知道明天仍有炒饭吃，心情更加舒畅了。

"我们今天很快乐，是不是？"

"是的，妈妈。"

我们习惯于这样的一唱一和，它使两人的好心情握在一起。

"我们每天都这样好吗？妈妈不想吵架了。"趁聊得投机，我话锋一转，想要延续今晚的幸福。

"我也不想吵架，妈妈。"笛笛平静地回答。

在小超市楼梯的拐弯处，他突然甩开胳膊，像一个台风劲爆的摇滚歌手拼命吼唱起来。看着他夸张的样子，我不禁失笑："太帅了，我家宝贝太帅了。"

我们相处，开心时就像死党，一切都好商量；不开心时正好相反，那可是谁也不让谁。

该睡觉了，他蹲在桌前捣鼓积木。我提醒他："把积木收拾好，去洗脸睡觉了。"

"可是我没劲儿了。"一提起睡觉，正搭着积木的他，一屁股跌到椅子上，作无力状。

"赶紧去洗！睡觉！养精神！"他是狡猾的狐狸，我只好退一步。

他突然换了娇气的声音："我怕怕，妈妈陪我去。"

"我才不陪你。除非你把积木收拾好。"我开始端架子。

"好！"他应声就俯身下去，动作极为利索。

我中了他的圈套。

收拾完，他不由分说拽起我的手，扭着屁股朝卧室荡去。

我们是祖国的花朵

"我们是祖国的花朵，我们是祖国的未来。""六一"儿童节的舞台上，小主持人这般抒情地播报。

忽然恍若隔世。

这情景好熟悉，这熟悉好遥远。

"这台词，曾经属于我！"笛笛表演结束，我们一起步出影剧院时，大脑里突然掠过这一句。想起自己从小也是花骨朵，被学校正式命名为"祖国的花朵"是七岁左右，也就是笛笛这般大时。

时隔四十年，我这曾经的"花朵"牵着笛笛——这个朝气蓬勃的、正当时令的小"花朵"挤出潮涌的人流，替他擦了擦额头的汗珠和已经花了的妆容。不禁打量，这个有着粉嫩、柔软面庞的孩子，果真如花朵一样鲜艳。

反观自己，作为一个风风火火的中年人、一个硬朗冷静的社会人，至今没有堪称"果实"的成就和修为，顺乎"花朵"逻辑的，只有由盛而衰急转直下即将凋萎的状态。当年的无限憧憬和想象，都在成长的旅程中消散于无形，只剩下一段平淡无奇、枯燥乏味的人生履历。

所不同的，我还养育着"祖国的花朵"。他仍然带给我憧憬和期盼，给我无限想象。

权衡之后的真话

老师在微信中说，从今天起，每晚睡前要问 5 道 20 以内的加减法口算题。不由得在心里打鼓，幼儿园啊幼儿园，快乐童年的终结者，还拉着父母一起下水。

每每权衡之后，又说服自己屈从。

下班到家，笛笛和爸爸出去吃饭了。八点左右，父子俩欢天喜地地回家来。妈妈是终结者派来的，看着他开心的笑脸，狠着心肠问他："宝宝，今天有家庭作业吗？"

他突然定住，小脸儿上，欢乐荡然无存，两只眼睛往我脸上转了几圈，想了又想，以不得不为之的口吻说："有，有 5 道口算题。"

"好的，那么我们一会儿不要忘了哈。"嘴里表示赞赏，内心还在问自己，这样机灵地经过权衡之后的回答，到底该喜还是该忧？

好在他权衡之后，说了真话。

晴朗的早晨

徽州的六月总是阴雨连绵。今天终于大放晴天，一大早太阳就晒到笛笛的屁股了。赶忙起床，把他的小鞋子提去阳台。

我们要出门。我提醒笛笛穿那双新的小白鞋，他打量来打量去，却穿了一双旧鞋出来。我问他："为什么不穿小白鞋？"

他说："那双鞋脏了。"

白鞋只穿过半天，尖头的橡胶蹭出了一点点灰底色。要知道，因为天气的原因，这双旧鞋要比白鞋脏上好多倍。

但是临出门讲什么道理？我只好不吱声，一起下楼，上车。我不由得问笛笛："天气这么好，是不是感觉更快乐了？"

"是的。"他不含糊。

"看，建筑工人已经在工作了。在太阳底下建高楼大厦，他们肯定很开心。"我漫无边际地说。

"是的妈妈，我也开心，他们创造了世界。"身后传来他平静的声音。

惊讶于他用"创造"和"世界"这样的大词："是的，笛笛说得很有道理。"

"妈妈，我告诉你个秘密。"他突然来劲儿了。

"什么秘密？"

"人类必须不停地发展，科学家要不停地研究，人类才会生存下去。

如果不能的话，人类就会毁灭。"关于人类的发展，他似乎一直在钻研。

"笛笛是个爱思考的孩子。"

"我再跟你说一个秘密，恐龙的秘密。"

"哟，还买一赠一呀！"

"是的。恐龙变成了人类，我们人身上的肉，是恐龙肉变的。"

"笛笛也是恐龙变的吗？小恐龙？"

"不，我是龙。我属龙的。"

"哦……"

明媚的晚上

吃完饭，正在洗碗。

笛笛在身后转着，一边等我，一边给我说故事。

"很早以前，地球上的草都是五颜六色的，有红色、绿色、蓝色、紫色。兔子是食草动物，当它吃了蓝色的草，就变成了食肉动物。蓝色的草是长在山洞里的……"

由于他的绘声绘色，我们家的厨房一会儿明媚，一会儿幽谧。"妈妈，你知道食肉的兔子长什么样子吗？"见我仍不停地干活儿，笛笛用提问来引起我的重视。

"是什么样子的？"我一转身，正好撞上探头看水池里泡泡的他。他一惊，缩回头去。

"妈妈，我告诉你一个秘密。从前世界上只有巨龙和鲨鱼。"他定了定神接着说，似乎没听见我的问话。

　　"那它们能做好朋友吗？"

　　"这个我就不知道了。这样吧，妈妈，你想听什么故事，我讲给你听。"他问我。

　　"和我再说个秘密吧。"

　　"谁的？"

　　"你的。比如你是谁？"

　　"我是巨龙。"

　　"哦，你属龙……"他最近沉醉于龙的身份。

　　碗洗完了，笛笛又说："妈妈，我再讲个故事给你听，真的。"

　　"可是妈妈要拖地了，地滑，你别跟着。去看看爸爸吧。"

　　拖完地上楼，他正在跟爸爸说《龟兔赛跑》的故事。

我要是乖的话

　　"妈妈，我要是乖的话，遥控器明天会在吗？"昨晚临上楼，笛笛望了一眼电视遥控器，问我。

　　"当然，遥控器最喜欢乖乖的男孩儿了。"我随口应道。

　　他心知肚明地应了一声："哦。"

　　我在心里欢快地想，这一句"哦"，说明他早就洞察了妈妈的心意和伎俩，却没有为此愤怒和抗争，而是默默关注着、等待着，并且总结出，只要自己表现不错，还是有机会的。

如此一想便心存侥幸，上楼前没有像往常那样把遥控器收起来。

早上，笛笛看见遥控器，欢呼起来："妈妈，遥控器真的在！"

"是吗，那说明笛笛表现好，它就不走了。是不是这样？"

"我想也是。"说罢便过来吃早饭，坐下，对着早饭："妈妈，我吃完饭还早的话，能看电视吗？"

"本来是可以的，就是怕关电视时你不开心，像昨晚一样。"

"昨晚还好吧？"他惊诧地问。

"妈妈喊睡觉了还要看，数123也不关电视，好失望啊。"

"哦，我再也不会了。"他认真地说。

"宝宝，你知道吗？数123就是你最后的机会。以后千万不要错过，过了这个就再也没有机会了。"我继续总结经验，"成年人也一样，说话有底线、做事也有一个节点，这个点过了性质就变了。"

我以为说到了关键，笛笛肯定受到触动。等我晾晒完衣服下楼，他碗里的饭还有很多。

"妈妈。"他望着我，似乎我才是那个节点。

"啊，千万别说你吃不完哦。"

"不是。"

"那宝宝想说什么？"

"我想说，你能帮我吃一口吗？"

头一晕，这有区别吗？只是他用了一种文明的表达，而没有"不乖"

和冲动。我无奈地回答："妈妈不能帮你吃饭呢。"

"哦，我知道了。"他仍然慢慢的，一直吃到不得不出门。

所有的铺垫都白瞎了。

为诚实而"战"

傍晚走进家门，笛笛在看电视，爸爸在厨房里上演交响曲。

该吃饭了，笛笛万分不舍地暂停了电视走过来。

虽然三催四请他才把饭吃下肚，但总的来说，比往日要利索一些。嘴里含着最后一口饭，他就离开桌子往客厅走去。

我叫住他："今天有没有作业？"

他嘴里还含着饭，便鼓着腮帮子摇摇头。我说："这样不行，你得告诉我有没有作业，摇头的意思我不太明白。"

他继续摇头。爸爸说话了："妈妈问你话呢。"

他看着爸爸，一会儿又看看我，嘴巴里挤出俩字："没有。"便离我们而去，继续他的动画世界。

我是顽固的怀疑论者，忍不住跟爸爸嘀咕："怎么就不敢相信呢。"孩子说话令大人不敢信，是件很可怕的事，我开诚布公："我想好了，如果他再撒谎，我要好好教训他一次。让他知道，人必须诚实。"

爸爸没有说话，却收拾了自己的碗筷走到客厅，问他："今天到底有没有作业？"看来他也不信。

笛笛顿了顿。问之再三，最后他用很小的声音回答了爸爸。只听爸爸语气凝重地说："有作业，为什么说没有？"

为什么说没有？不用问，为了能顺利地、立即看上电视！

我一直不愿把一个孩子为了玩耍而撒的谎与成人世界的谎言相联系。然而随口就能为自己开脱、为自己取巧的小伎俩，能不能随着年纪的增长而消失无踪，我完全不敢打包票。我甚至不清楚，要不要和一个不懂事的小孩儿过于较真。

不较真，是不是等同于冒险？

诚实应该作为信念来坚持，为诚实而"战"，我想已经刻不容缓了。

我再也不克制，走到他面前，拉起他的手就走。"妈妈你干吗？你干吗？"笛笛意识到不妙，用两条腿使劲定在那里，不肯迈步。

"你过来，跟我上楼！"我不由分说地拉他上了楼。

"给我面壁。"我把他拉到书桌的墙边，"在这里面壁思过！"

他左挣右挣，就是不肯把身体站直。

当他歪歪斜斜地杵在那里，我开始教训他："为什么不学好，要学撒谎？为什么不说真话？一个不说真话的人，是不可救药的！将来要被人唾弃的，没有人和你做朋友，没有人与你合作。"

我一气愤，便止不住乱"珠"如豆：

"还要不要撒谎骗人？"

"不要以为你会撒谎是了不起。一个不敢说真话的人，是最胆小的人、最懦弱的人、最没出息的人！"

"你不是要做有出息的人吗？一个不愿说真话的人，怎么正直得起来，你还想怎样有出息？"

"一个孩子说话，连爸爸妈妈都不敢相信，将来怎么走上社会，凭什么走上社会？"

"必须改正，一句假话也不能有！"

兀自气不打一处来，又想起一碴儿："不仅不能说谎话，漂亮话也不要说！妈妈要你说话实实在在、平平淡淡。"

我义愤填膺、气喘吁吁地喊这些话时，笛笛一时发愣一时发懵，一时因羞愤而气恼，一时又觉得委屈而欲哭无泪。这架势，享尽万般宠爱的他是第一次见识。

我想，我不能容忍成人世界里那些见风使舵、巧言令色的人，我便不能忍受一个孩子有变成这种人的苗头。

与其温温吞吞好言相劝不见成效，不如下一剂"猛药"治一治，哪怕自己是个庸医也罢。他正处在把撒谎当有趣的年龄。

为什么要读书

面壁是最后的杀手锏，不得滥用。我在心里警告自己。

当年养育女儿，我的脾气一触即发，想来是不断的气急败坏所致。关键时候还得冷处理，不能让针尖对麦芒成为常态。

但是既然做了，一定要收到效果。昨晚训斥之后，命他原地思考，没想通不得离开。笛笛脾气倔强，把头歪向一边，看都不看我。

今天是周日，笛笛不上学。

老师昨天布置的"16的分成"，因为我施以"重典"而没做。上午，笛笛磕磕绊绊地把算式列上了作业本，怎么计算却仍然要依赖我。我依然是脱不了干系。内心挣扎一番后，便如往日一般把那些教了多遍的方法，一再地重复。因为心不在焉，所谓的独立完成是一个妥妥的童话。

下午，学习时间到了。当然，这是我临时起意的。他不情愿地上楼，不情愿地照我的意思把"16的分成"读了两题，便不愿再读下去。

为了不惹他生气，也为了不招他依赖，我拿了书到隔壁的茶桌上去读。

不一会儿，他走过来说："妈妈，我读好了。"我知道，他一定认为所有题目的得数都是16，不必再继续。我拿过本子，换了个角度问他："好的，3和几合成16？"

他哑着嘴巴回答不上来。

把本子交还他，他缓缓地回到桌子上。读了两道，他又过来："妈妈，我背。"背了两道之后，又想不起来了。

于是又回去，又过来，又回去，又过来……循环往复，我的阅读被打扰得七零八落。

他终于下定决心做最后的一搏，壮着胆子冲过来："妈妈，为什么要学这个？"

"这是你的学习任务，老师布置的，你要不要尊重老师呢？"幼儿园的课程我不便置喙，此时却只能借老师说事。

"老师为什么要布置这个？"他竟然这样问。

"为了笛笛能学到知识。有了这些基础，你才能学到更多的知识。你看，妈妈这么大了，还在天天读书呢。"

他望了一眼我的书本，问："妈妈为什么要读书？"

"妈妈觉得自己不够棒，还有很多不明白的，所以要不断学习。"

"那我为什么要学习？"

"为了学知识。你想不想长大后有本领、有能耐，受到大家的尊重？"

"想啊，可是这些题目太多了，我想看电视！"

"笛笛，你让自己静下来。耐心地看几遍，你要尝试。"

"我就是想看电视！"

"宝贝，你把学习任务完成就可以看电视了呀。"

"我静不下来，我记不住。我就想看电视……"

"宝贝，你看公园里的小猫小狗多开心啊，成天到处撒欢儿，还可以随地大小便。可是，它们永远都看不懂电视！"

笛笛显得很意外。我接着说："为什么？因为它们没文化，没知识。你想，如果它们有文化，没准儿发明的电视比我们的还棒，可是很遗憾，它们什么也不懂。"

"我不要像它们那样……"

"太棒了！你当然不能像它们那样，你是这么聪明的孩子。要知道人不读书，没知识，和它们就没什么区别了。我们不能当动物，对不对？"

"好吧。可是我真的不会做！"

"笛笛，其实你会做，你只是没专心。算术本来是不用硬记的，这是暂时的方法。等你掌握了规律，你还会觉得它很有趣呢。"我说。

笛笛默默地回到书桌旁。

独立完成啊独立完成，什么时候才能实现呢？此刻我决定投降，走过去，从发愣的他手上拿过本子，用手指着一道道题，让他和我一起读。

一遍又一遍，反反复复，颠来倒去地读。因为惩罚的威慑力还没过去，笛笛显得被动与无奈。当我掩上本子，打乱顺序问而他全都回答出来时，他的脸上有了一丝不易察觉的忍俊不禁的笑容。

今天有意思极了

较量在似有若无中继续。

晚上，我们有意磨磨他，没答应他看电视。

他百无聊赖地搭着积木，显得寥落而无趣。与他搭讪，他也懒懒的没精打采的。

"既然不想玩儿，那我们就复习一遍吧。"我把他叫过来，挑着问了几道 16 的分成，他居然全都回答出来了。我看着他笑："看你多棒，这么多题全都记住了。"

"一个也没错吗，妈妈？"他抿着嘴眼睛里闪着光，没好意思笑出来。

"是的，宝贝。这回你该相信了吧，只要努力了，没有学不好的。还记得下午你说，太多了，根本记不住吗？"

"嘿嘿。"他有点不好意思，举手挠了挠头，有些许成功的喜悦。

提醒他该洗澡睡觉了，他忽然像泄了气的皮球似的弓下背——一天的愿望终成泡影。拖着软绵绵的身体，他慢慢地往卧室挪，嘴里一边咕哝："今天真没意思。"

"你回来！"我叫住他。

"干吗？"他猛吃一惊。

"你说没意思。过来，妈妈告诉你什么有意思，你今天的有意思在哪儿。"我拿出仗义的架势。

"明明没意思，哪儿有意思了！"他松了口气，回走两步，一脸的无所谓。

我拿眼睛对着他的眼睛，用喜形于色的眼神盯着他黯淡无光的眼睛："我告诉你吧，你今天有意思极了，你居然没发现？你今天有了很大的进步，你不知道吗？"

"怎么进步了？"闻言他很诧异，眼神忽地被点亮。

"你今天把 16 的分成反反复复答对了好多遍！把你认为根本学不会的都学会了，而且全记住了！你知道吗，你长知识、长学问了！今天是你在学习上进步最大的一天！你成长啦，难道不是很有意思的吗？"我夸张地摇着他的双肩，他被我抖得无可奈何，又觉得有点好玩儿，最后坏情绪被抖去，只剩下矜持了。

"哦这个啊，还是没什么意思……"虽然这么说，他的嘴角已经不自觉地往上扬了扬。

"你不想长大成为有用的人吗？成为有文化、有知识、很棒的人吗？"我看着他。

"有点意思了，但是不能看电视。"电视终究是他的心结。

"你看，电视到底是有意思还是没意思呢？如果没有电视，你不用着急撒谎，妈妈也不用发火了，是不是？所以电视没准儿是个坏东西。再说了，如果说到做到，每天你都能看电视的。看电视是一种放松，不能让它影响别的。如果为它耽误了吃饭、睡觉和读书，才是最大的没意思，对不对？你想想，看电视能带给你成就感吗？"

"嗯，今天电视没有看，可是学习进步了。"谢天谢地，他终于拐过弯儿来了。

"下午说的小猫小狗，它们就没有电视看，因为它们不学习。如果它们能学习，也许造的电视比人类的更棒，拍的电视剧比人类的更精彩。但它们不学习就做不到，你说是不是？"看着他脸色缓和下来，我乘胜追击，"我们家笛笛就很棒，不光学会好多字，还学会做算术题呢。"

"好的妈妈，知道了，我会好好学习的。"他终于露出笑容，心情一放开，说话就漂亮起来。

"真棒！可是今天晚了，该休息了。记住，休息好了还能更棒哦。"

"嗯。"笛笛应了一声，挺起胸膛向卧室走去。

在经过穿衣镜的时候，我发现他放慢了脚步，看了看镜中雄赳赳的自己。

百般地逃避，不仅因为电视的诱惑，还出于对学习的畏惧。当他对学习有了信心，尝到了进步的甜头时，自然就不会这么抗拒了。

幸福其实很简单

今天的笛笛，仿佛换了新面目。

许是昨晚临睡前发觉自己其实挺强大的，早上好几次跑到大衣镜前，看着里面的自己，弯着细细的手臂，说："我是肌肉男！"吃过早饭，他兴致满满地去了幼儿园。

傍晚我到家时，他的作业已经写好了，"木"字写得非常工整。

我们仨下楼买水果。笛笛说："我们顺便去牛奶店买点酸奶回家吧。"我们立即改了行程，去买酸奶。他又看中一款面包，于是买了面包。

往回走到超市门口时，我们俩不约而同地在门口的凳子上坐下来，等待正在接电话的爸爸。笛笛摸出面包来啃。我看着他啃，情不自禁地说："面包好软啊，一看就知道好吃。"

"妈妈你咬一口。"笛笛把面包伸过来。

"不，宝宝吃，妈妈看着就开心了。"

"不，妈妈也吃，让宝宝也看着开心。"

好吧。避开他喜欢的火腿肠，照厚厚的面包边沿掰下一块送进嘴，立即陶醉："真香，真好吃啊……"

爸爸走过来，看到这个情景就说："你们等我，我进去买水果。"说罢，他独自一人进了超市。

母子俩只应了一声，身子没动，继续面对面坐着。初夏的傍晚，凉凉的微风拂过，小区边的这家超市门口人不多，笛笛一边晃着一条腿，一边嚼着面包，惬意得无以复加。我看着他，也惬意得无以复加。

笛笛跟我说笑话："今天有个人，撒尿撒到别人头上了，哈哈。"

"咦，那个同学怎么办？"

"他们打架了。"

"他们打架了，你们怎么办？"

"报告老师。老师过来，就批评他们，歪歪歪歪……"他歪着头，做出唠叨不休的样子。

"哼哼，你们男孩子是不是都要做这种把戏，喜欢玩儿撒尿？"我鄙夷地说。

"才不是。"他想辩解。

"怎么不是，你做过的还少吗？尿在爸爸头上（婴儿时期）、尿在客厅的垃圾桶里，还把玩具都尿了。"我捏着鼻子如数家珍，说完大笑起来。旁边一对中年夫妻也忍不住笑了。

笛笛扑将过来："你，你，不准说！"

"哦，哦，我说人家的孩子呢。"我望了望那对夫妻，做出欲盖弥彰的样子。

"嗯，对，妈妈是说人家的孩子。"他把最后一口面包塞进嘴里。

这样的傍晚，因为悠闲而显得漫长、温馨又阔气。

晚上，我把"11的分成"写成算术题的样子（前段时间的作业，完全囫囵吞枣，我想趁热打铁给他补一点回来），他掰着手指头，飞快地完成了。明明只有十根指头，怎么算11的加减法的，我很好奇，但忍住没问。反正总有那么一天，他再也不需要数指头。

把昨天用了一个下午敲打才记住的"16 的分成"再问一遍，他也都回答上来了。

当我说很好的时候，他笑得特别舒坦，抿着嘴巴，把小酒窝儿都憋出来了。

睡觉时间到了，他问："妈妈，我今天表现好吗？"

"很好，很棒！"我做出一副幸福而满足的样子。

"那么我可以睡大床吗？"原来还惦着这一出。

"可以啊。"幸福的妈妈怎么忍心拒绝他。反正他睡着了，还是可以把他抱回去，我想。

"那妈妈睡哪儿？"躺上大床，他追问。

"妈妈睡小床。"我很仗义。

"那爸爸呢？"

"爸爸和你睡大床。"

"我想如果是妈妈就好了。"说完，他略带遗憾地闭上眼睛。

"这样啊，妈妈去和爸爸商量一下。你乖乖地睡。"

他闭着眼睛点点头。

谁是吃饭总指挥

早上，笛笛下楼就跑到客厅："妈妈，遥控器还在！"

"哦，好啊，肯定是笛笛乖了，遥控器就不走了。"心想昨儿怎么忘了收遥控器呢。

"我知道了。"小家伙应着，身子还在那边流连。

"快过来吃早饭了。"我赶紧叫住他。

他罕见地立即来到餐厅，在自己的位置上坐下，右手拿起那个不锈钢小汤匙，并不吃饭，而是转过脸来找我："妈妈，要是，要是我乖了，能不能看下电视？"

对他这个顽固的嗜好我已完全"认命"，只是没想到他的态度这么好，于是应道："可以啊，吃好有时间可以看的。你快点吃吧。"

"谢谢妈妈。"他极乖巧地回应。只是还没有吃饭。

"宝贝，快点吃啊。"我提醒他，"光想是不行的，要行动起来宝贝。行动才能让你的梦想变成现实。"

"嗯！"他用劲应了一下，猛地挖进一口炒饭，使劲嚼起来。

当我端了一碗粥坐下，发现他一口饭含在嘴里，嘿，又愣神儿。"快，快点吃饭吧，把你的小部队开动起来，咔嚓咔嚓！"

他像得了指令一般，上下牙猛烈地开合，一口饭下肚。送进第二口之后，开合的速度忽地降了下来。

"宝贝，吃饭要像部队，匀速前进哦。"

"好的。"他又开始嚼。

"不对啊笛笛，你的部队怎么在听我号令，好像妈妈是总指挥？"

"是哦，那怎么办？"他也回过神来。

"笛笛要自己当总指挥，笛笛是有理想的。"做妈妈的必须不厌其烦，不知谁说过。

听了这话，笛笛总算进入了吃饭的状态。我很快吃好了，收拾好碗筷，一边上楼一边告诉他："吃好的话，你就边看电视边等妈妈。"

回头再看他，吃得更欢了。

等我晾完床单和衣服，拾掇好自己下楼，招呼笛笛关电视出门时，他万般不舍地说："只看了一集，妈妈。"

"哇真不错，早上竟然看了一集电视！是你自己把理想变为现实的呢。"我对他做出点赞的手势。

他不再做出不情愿的样子，而是迅速关了电视，背起书包。

把爸爸吃掉

刚踏进家门，在餐桌上写作业的笛笛就奔过来："妈妈，螳螂妈妈和螳螂爸爸结婚以后，就会把爸爸吃掉！"

"啊，怎么这样？"乍一见面就爆这么猛的料，我完全没有心理预备。

左右环顾，他爸爸正在厨房里切菜，额头渗着汗水。锅里，正散发着食物的香味儿。

回头再看笛笛，他殷切地望着我，见我转回头，便迫不及待地说："告诉你，因为螳螂妈妈肚子里的宝宝需要营养，所以螳螂妈妈就把螳螂爸爸吃掉了。"

我望着他。他有些得意："今天老师说的。"

"哦，是吗……"生物界有各种奇葩习性，这算很惨烈的一种。前不久我还在法布尔的书里读到，只是当时的感觉没有今天诡异。

望着他爸爸的背影，心想，幸亏人类的爸爸会煮饭。

人类的孩子不吃爸爸的肉身，却要吃爸爸肉身以外绝大多数的东西，而且"刑期"很长很长。

对待作业的态度进步了

经过前几天的斗争，笛笛对于回答有没有作业，已经不再像从前那样直截了当说"没有"了。当然，你若以为他改"邪"归正，从此走上"光明"的道路了，那你就和我一样天真得不可救药了。生活再一次验证了革命的曲折性。

话说前几天剧烈的批斗，我们两个大人终究觉得过意不去。当第二天看到笛笛一派阳光乖巧的样子时，我们便心软了，没有再收走遥控器。当然，我们也是对他抱有幻想。

事先跟他说好了，完成作业就能看电视。

前天下班到家，见到他在餐桌上写作业，而不是像以前那样，作业本摊在桌上，人却离得八丈远。孩子的成长是看得见的，我心里一阵欢喜。当他终于说做好了，起身正要向客厅而去时，我突然条件反射一样问他："全部做完了吗？"

他愣怔一下，眼珠子转了转说："做完了。"总觉得少了个叫理直气壮的东西。打开他的书包，里面果然还有一个本子上抄着作业题——他根本没有拿出来。问他怎么回事，他面色一沉，堵气往桌上一趴，拒绝回答。

当他生着闷气一笔一画补写作业的时候，我沮丧极了，这学习还有意义吗？

没意义，日子也要继续。

昨晚，又做完两项作业，我再问他还有没有时，他又开始转眼珠，我赶紧制止："嘿，眼珠子都转了，一定有作业。千万别说没有。"

他不理会我的幽默，更无视我的机智，坚决地说："没有了。"然后自顾自打开电视看起来。

我又不信邪，打开书包一看——拼音作业没做。于是重复了前天的故事……

高压之下的顶风"作案"，让我在内心呼天抢地、气急败坏，不由得分析这到底是为什么。

这几天算术、汉字和拼音扎着堆地布置作业，适逢了我们"战后"的宽松政策，说来也确实不巧，这使笛笛仍然不惜铤而走险。我使劲按捺住理想主义的急功近利，冷静地分析——男孩子硬气起来，是不怕挨骂甚至不怕挨打的，但他一定向往轻松快乐的日子。

第一，他终于肯主动做作业了，哪怕是一部分，说明他想赢得看电视的机会；第二，撒谎之前顿了又顿、想了又想地做思想斗争，可见他对说谎有了顾虑，只是，只是动画片的诱惑太大了。

我左思右想地安慰自己，感觉自己跟阿Q有亲戚关系。

今天是我先到家的。笛笛进家就雀跃地跑过来，我们一起往楼上走去。"宝贝，今天有作业吗？"

"嗯，嗯……还是妈妈检查吧。"他又耍花招。

"妈妈不想每天检查了，你直接告诉妈妈吧。"我很委屈地说。

"嗯，那我说实话吧，我不太记得了。"这句话倒有几分可信，符合他顽皮的本性，让我不禁暗自忖度，平时莫非冤枉了他？

"那我们一起看一看作业本吧。"说话间已经到了书桌边，我摊开书包找了找，只有拼音作业，他拿过本子就写起来。我在他对面坐下，拿过一本书看起来，一篇散文还没看完，他就写完了。我无可奈何地抬起头来，他看着我贪恋的样子，得意地笑起来。

给他出了十道珠算题，他也带着愉快的情绪完成了。又把前两天的16的分成、11的分成问了一遍，他都回答得嘎嘣脆。所有这些做完，还不到半个小时。他笑得很得意。

我问他："学习是不是很有趣？"

他笑着说："是啊，好开心的。"

"是笛笛对自己有信心了，学习才变得好玩儿。"这是我一直想要他建立的学习"情结"。

有了信心之后，他会越来越能克制自己，喜欢上学习，从而淡忘"隐瞒"和"撒谎"这两个权宜之计。毕竟处心积虑太累太累，诚实坦白的日子舒心多了。

当他体会到真诚的好，便不再需要跟我斗争了。

我们要做诚实的人

到幼儿园接笛笛。操场上，几个孩子正围着老师在做游戏。笛笛见到我很意外，跳将起来。

老师手里还有下午吃剩的蛋糕，便招呼他们去洗手。当孩子们跑向洗手间时，老师笑着问我："每天的数学作业，我看有的题目后面有小叉叉，是你给他检查的吧？"

"是的，作业不是很认真呢，有时也不愿意做。"我如实回答。

"男孩子，顽皮是正常的。"老师宽慰我。我望了望已经跑回来的另外几个小伙子，他们的神态和笛笛没什么区别，活蹦乱跳，有使不完的劲儿。

笛笛接过老师手里的蛋糕，往嘴里一口塞进去。这让我很惊奇，在学校真是吃什么都香啊。当他热乎乎的小手牵着我，走上学校的走廊时，我问他："今晚有作业吗？"

他兴奋地回答："今天两门作业。"

如此坦率直白，与往常完全不一样。我看着他，他很开心地看着我，完全没察觉我曲折的心理。成年人的脑袋瓜子，总是暗藏心机。

我问他："老师问我们的作业后边一个个小叉叉是怎么回事呢，你说我该怎么回答？"

"这个嘛，"笛笛顿了顿，使我警惕，然而他接着说道："这个，这个是我做错了，然后妈妈替我检查出来，所以打了个叉。妈妈，我们就和老师说实话吧。"

我一字一句地听着，一字一句地警惕，当听到最后一句时，我不由得笑出了声。劝妈妈说实话，这是第二次。

第一次是昨晚。我谎报军情，说老师问睡前五道题有没有坚持，怎么办？因为我自作主张改成了书面作业，因此睡前五道是没有的。笛笛闻言一愣，说："妈妈我告诉你，还是说实话吧，我们要做诚实的人。"

说实话，正是我一直以来对笛笛的期望，孜孜以求，苦心孤诣，不想突然之间反转过来，变成他要求我了。

我家的小暖男

有时他是暖男。

连日的阴雨天气，使我们的散步中断了好久。这两天雨止息了，昨天我们散步回来时，看到小区公园里好多孩子玩耍，于是玩儿了一会儿。笛笛当然不过瘾。今天我们商量好不散步，光在楼下玩儿。

专门下楼玩耍，这是第一次。刚下到楼底，笛笛抬腿正要冲出去，岂知我突然腹痛难忍，不由得弯下腰："等等。"笛笛收回冲出几步的身体，我心想这回坏了，好不容易下了楼却生变故，小朋友该扫兴了。笛笛吃惊地问我："妈妈，你怎么啦？"

"妈妈肚子好疼，"见他脸上露出慌张的神色，赶紧解释："估计想上厕所……"

"那，那我们赶紧走。"说完他立即转身往回跑。

我仍不敢确定："走？走到哪里去？"

"我们回家呀，上了厕所，我们再下来。"他像个大人似的。

大出我的预料。一颗悬着的心放下来，哦，疑神疑鬼的我正在以小人之心度君子之腹。笛笛贪玩儿却不自私，完全清楚轻重缓急。

我就这样望着他，他立在一边等我转身。慢慢地，好像被笛笛感动了一般，腹痛消失了。我说："这样吧，我们先玩儿着，等会儿不行我们再上楼。"他一听大喜，左右摇晃着向小公园跑去。

我们玩耍结束，进到家门，我便让他先行上楼，我则要在楼下卫生间解决大事。把卫生间的门关上，一屁股坐下，习惯性翻开手机浏览朋友圈。自从有了智能手机，使用了微信，这个朋友圈便成了如厕的法宝。在朋友们如火如荼的日子中穿行了个遍，不知过了多久，身轻如燕了，才意犹未尽地起身。洗手，拿起手机，打开门。哗啦一下，笛笛的身体随着门的打开而倾倒下来。

原来他一直靠坐在卫生间的门外。

"笛笛，你这是干吗？"我吃了一惊。

"我在等妈妈啊，等妈妈一起上楼。"他双手撑地，抬屁股站起来，不好意思地望着我笑。

聪明如他，傻起来居然达到了这种境界。

他牵着我的手往楼上走去。看着他坦然、轻松、毫无芥蒂的样子，我突然惭愧起来——原来一直犯傻的是我这个大人，自以为是、猜忌犯浑，对天真无邪的孩子处心积虑。

第二天吃晚饭时，我们商量是去散步呢还是去公园，把饭吃得津津有味。当我夹起一块红烧肉时，笛笛突然叫我："妈妈，今天可要少吃一点呀。"

"怎么，你也关心妈妈减肥？"我很惊奇。

"不对，你不能吃太多了，不然等下肚子又疼！"他一脸正色。

我左右为难："呃，好吧……可是，这块肉我还吃不吃呢？"

"这样，你把这块吃掉，然后就不要再吃了。"

"好吧。谢谢你提醒，不然妈妈又犯糊涂。"

"不客气，以后有什么事我都提醒你。"他一脸的义气。

隐瞒伤情的"小硬汉"

今天幼儿园安排了活动。先是参观某某小学，然后是观看幼儿园第一届足球比赛。

笛笛不是足球队员，我想这事于他应是一种遗憾。但这一天的非常规上学，对他而言又是异常的狂欢。

可是傍晚见到的笛笛，并不是想象中那样兴奋。他极安静斯文，连走路都中规中矩起来。晚饭还没吃完，他看爸爸吃好上楼了，突然跟我说："妈妈，给我拿条长裤来换上。"

我一时纳闷："好端端的为什么要换长裤？"

"因为这条裤子小了。"说着他拽了拽裤腿。

身上是今年新买的运动型中裤，短至膝盖，却不至于小，我想是表达不准确吧，于是说："等会儿洗澡再换，先吃饭吧。"

闻言他就飞快地吃起来。把本来说太多的一碗饭毫不犹豫地吃下去，然后跑进卧室迅速换上一条长裤。我实在看不明白，爸爸笑着说一定是那条裤子弄得太脏了。接下来的表现也意外地好——把妈妈布置的作业做得非常认真，而且异常快速，赢得了一个小时看电视的时间。

洗澡时，他非常配合地脱光衣服，靠墙站好等我。冲淋一遍之后我让他转过身，他说不用，就这样冲吧。给他洗头、抹沐浴液也不转身，只拿屁股对着我。要给他抹胸前了，我说："你借一步过来，离远了不好洗。"

他却伸手拿走我手上的沐浴球："我自己来好了。"

我很惊喜地望着他，心想小子终于肯自己洗澡了。一转念，不，太异样了！便问："你今天怎么了？你不对劲儿，说实话，有什么事一定要告诉妈妈。"

"妈妈，我没什么事呀。"

"没什么事，你贴墙贴得这么紧？"我紧追不舍，同时拉他过来检查，胸口有一块褐色的疤，他紧张地说是很久以前的呀。

"那你为什么弯着身体，为什么不站直？"

他"啪"的一下绷起身体说："我站直了呀。"

替他擦水珠的时候，才看清他的膝盖跌破了，我忍住心疼，说："有什么事情一定要跟妈妈说，不要怕妈妈责怪。"

"妈妈我没事呀，我去睡觉了，我去睡觉了。"说着就光着身子冲出浴室，拽了内衣裤就跑到榻榻米上，屁股朝外地穿上 T 恤，短裤穿到一半，猛然发现我正望着他，吓得一屁股坐在床垫上，短裤恰巧遮住膝盖，紧张地说："妈妈你干吗呀？"

"没什么，妈妈只想看着你。"

"你看着我干吗呀？"他保持着那个状态，让短裤覆在膝盖上，竟不着急遮羞。在此之前，他是多么享受妈妈的注目礼啊。

我走过去："你还是把短裤穿上吧，妈妈好给你盖被子。"

"不，我先盖被子。"

"你躺好了，妈妈给你盖上。"我用柔和的口吻说，使他不好拒绝。

他"啊"了一声，弓起身转过去拉上短裤说："我要趴着睡。"说罢就伏在垫子上，使我完全看不见他的伤口。

我把他翻过来："傻孩子，受伤了为什么要这样瞒着？是妈妈可怕，还是伤口可怕？"

他羞涩又害怕地看着我，就像一个犯了极大错误的人。

"等着，我去拿药水。"

给他喷消毒水、擦药，过程看似简单却很刺痛。只见他咬着牙，握着拳头硬是一声也没吭出来，像一条硬汉子。

当他能忍受，就更容易受伤了。

为了预防，我不得不警告他："第一，你要保证自己的安全，不要再让自己受伤；第二，万一受伤了，你必须第一时间告诉妈妈。记住，瞒着妈妈，妈妈才真要骂你！"

他温顺地点点头："妈妈，我知道了。"

一个男孩儿真正的童年

这个周末哪里也没去。老师没有布置作业，于是我分别在上午和下午，给笛笛出了几道算术题，并让他写一版带拼音的汉字。作业完成后，才允许他下楼看会儿电视。笛笛终于接受了这样的安排，态度也好起来。

像约定的那样，吃完晚饭后我们决定下楼去散步。

下到楼底，笛笛就往中心公园张望。那里有几个坐在推车上的小宝贝，还有几个女孩儿。殷切的笛笛稍稍有点泄气，他盼望的，是那几个年龄相当的男孩儿。

"现在时间早，很多人饭还没吃好，我们散一圈步回来人就多了。"我宽慰他。

于是笛笛安心地和我向小区外边走去。我们照例交换地说着现编的故事，笛笛甚至把远古人、海龙王、航母和日本侵略者杂糅进一个故事，使我听得云里雾里。凡有不解之处，便向他请教为什么，如果是闻所未闻的状况，更要向他刨根问底，笛笛总是机智地向我这个不懂战争的女生耐心解释。虽然漏洞百出，但是没关系，他今天构想的战争就是这样的。

故事很长，可惜道路很短，绕小区一圈的路一转眼就走完了。我们复又来到小区大门处，远远地就看到那几个小男孩儿的身影，笛笛一反平静的状态，脱兔一般冲了出去，完全看不出他那条腿刚受过伤。

说实话，我们是这周才下楼的，跟那些孩子很陌生。可是笛笛不管，他径直冲进那群小伙伴中间，小伙伴正要猜"手心手背"，他便径直伸出自己的手去。说来也怪，那群孩子并不排斥他，由着他一起分胜负。

五个小男孩儿，第一轮决出一人，第二轮又决出一人，笛笛是第三名，如此剩下两个人便用"石头剪刀布"对决。笛笛不懂规则，仍然掺和在里面，另外两个男孩儿便指着他嘲笑："原来你不会玩儿？这是他们俩人的事，我们要跑了。"说完呼的一下跑开，笛笛一看那架势，也唰的一下跑得没了影儿。

名次最后的高个子男孩儿，抖着身体哼哼唧唧地数数儿，数完之后迅速冲向离他最近的那一个。笛笛机灵地躲到绿植丛中去了。

再后来，不知发生了什么，笛笛和一位伙伴嘻嘻哈哈地扭成一团。第二次游戏开始了，笛笛照例又犯了规则上的错误——当第一轮胜出的伙伴跑出去后，他也跟着跑了出去。几个伙伴又喊又跳地把他拽回来，要继续"手心手背"，把"手心手背"闹得张牙舞爪。

看着笛笛再次冲锋陷阵，完全把腿伤之事扔到了爪哇国，忽然明白他窝在家中时的那份憋屈。明明有一身力气，却只能叽叽歪歪待在家，什么也干不了。你看，他忘情地奔跑、钻进绿化带、躲进小树丛、热气朝天满面红光的样子，完全不是那个惨白着小脸儿、为了看动画片、为了逃避作业而与父母撒泼、赌气、吹胡子瞪眼的孩子。

这才是他该有的状态和生活，一个男孩儿真正的童年。

不由得内心鼓舞。我一直寻觅能让他更自由、更健康、更畅快的方式，原来就在小公园里，在小伙伴中间。

从乱七八糟到井井有条

笛笛跑得满头大汗，浑身湿漉漉的。不用说，进家就直奔浴室。

洗完热水澡，我让他香喷喷地在榻榻米上坐好，开始给他的膝盖上药。此时的他，才想起自己是伤员的事情，自怜自惜地将右腿轻轻抬起，慢慢放下，我看在眼里直想笑。临睡前喝水，他也装模作样地要妈妈端过来。

今天早上醒来，便听到他窸窣的声响。他显然听见我醒了，叫道："妈妈，我要喝水。"

"醒了就起来，自己到桌上去喝。"工作日，我又恢复了风风火火的作风。

"不，要妈妈喂我喝。"他撒娇。

我没再理他，径直下楼去把早饭煮上。再返回卧室时，他仍然愣在那里，一动也没动。想到下学期就上小学了，不能样样都待候到手吧，于是我决定冷处理，自顾自洗脸刷牙，施好打底的保养液。他仍然没起来喝水，而是发出了各种异样的响声。

我把脏衣服提出去，扔进洗衣机。回来的时候故意不看他，眼睛的余光却瞥见琴凳倒了，被褥、蒲团七零八落。我寻思这节奏，不是一般的懒惰和依赖，更像示威和挑衅。可我们明明相处融洽，没有一觉醒来就反目的道理。想到这里，我索性走过去一屁股坐下，撒娇地叫唤：

"宝宝……有人欺负妈妈你也不管！"

"嘻嘻……"他竟然坏笑，同时从乱七八糟的榻榻米上一骨碌爬起来，伸手去把琴凳扶正，把压着的垫子抽出来放回墙角，然后转身把倒着的台灯扶起来，把我的书从地上捡到茶几上——他竟做了这么多坏事！

我看着他兴奋地左右开弓，一句话也说不出来。

接着他开始捡枕头、铺被子。可是被子又长又宽根本摊不开，我伸出援手后，他不失时机地讨好："谢谢妈妈帮我叠被子。"

看了看收拾得井井有条的小卧室，我们相视一笑。我忍不住夸他："笛笛的家务做得超级棒！好了，现在可以去喝水了吧？"

他"嗯"了一声，趿着小拖鞋出去牛饮了一番。

自己快乐，也让别人快乐

上学的路上，阳光普照大地，万物皆披上温煦的金色，一派开阔舒朗。

"笛笛，今天的天气这么好，你感觉如何？"钻过铁路桥洞，驶上那条宽阔的过境公路，我们在车上的谈论通常从这里开始，今天也不例外。

"是的，天气好极了。"笛笛应了一声。

"心情是不是特别好？"我心情好，就希望他心情好，估计是"妈妈"这个角色的通病。

"我喜欢啊，心情很好的。"嘴上说得不错，可程度比我冷静多了。

"跟妈妈说说看，你最喜欢什么天气？"我突然有了一个联想。

"喜欢晴天。晴天出太阳，看着就舒服。"

"是的，爸爸妈妈也喜欢晴天。晴天就像小朋友的笑脸，多美多可爱。"说完，我又加上一句："我就最喜欢笛笛的笑脸。"

"我也喜欢笑脸，也不喜欢阴天。"他跪在座椅上望向车后的大马路，不得已才回答我一句。

"小朋友不开心就是阴天，爸爸妈妈最怕了。如果宝宝哭了，那就是雨天，糟透了。"我想到了他吃早餐时的表情，还想到他噙着泪花时的眼睛。

他突然转过身贴近我，在我耳边用夸张的口吻说："妈妈，有时还有雷电大风！"

"哇，妈妈最怕了！"

"妈妈怕啊，我才怕呢。有时，还有冰雹，还有大雪。"他像在卖弄气候常识，更像在吓唬胆小的妈妈。

我只能按捺下沮丧，强作镇定："哦，如果让我选，我就选大晴天，有大太阳的，再热都不怕。"

"可是妈妈，不可能每天都是晴天的。"笛笛说出了真理。

在心里暗暗"啊"了一声，可我是处心积虑的大人："笛笛不喜欢做阳光男孩儿吗？自己快乐，也让别人快乐，有满满的能量！"

"我知道的，我不要做不阳光的男孩儿。"

"知道吗，坏心情是负能量，是不好的影响，会让我们不快乐。"

"如果妈妈不快乐，就会呜呜呜……"他居然还以其人之道，调侃起我来。

回家不要骂爸爸

笛笛就爱吃蛋炒饭。吃蛋炒饭时，可以完全不吃别的菜，使得爸爸一身好厨艺都白瞎了。

爸爸倒没为厨艺遗憾，而是心疼这傻孩子，多少天多少餐一直吃炒饭，任谁也受不了啊。可笛笛却没有这个意思。

这天，爸爸自作主张，起了个大早跑去包子店买来豆浆和肉包子。这两样，两周前的某个早晨，笛笛曾经产生过兴趣。

等笛笛起床时，爸爸已经把热乎乎的豆浆用冷水降了温，把包子、馄饨端到跟前。笛笛一屁股坐下，脸上就凝起重重的冰霜。

我收拾好自己下楼时，他手里攥着一袋豆浆，满脸不高兴。爸爸也满脸不高兴，好像刚刚谈判失败。包子、鸡蛋、新炒的菜摆满了一张台子。

我剥个茶叶蛋，把蛋黄滚落进自己的稀饭，两瓣蛋白送到笛笛碗里："吃鸡蛋了，妈妈吃蛋黄，宝宝吃蛋白。"

"我不要吃鸡蛋。"笛笛的语气很生硬。

"要的，我们是好朋友，每次都这样合作的啊。"对着他那一脸的木然，我仍做出个鬼脸儿，真佩服自己的演艺实力。

"可里面还有蛋黄……"他开始挑剔。

"什么，还有蛋黄？太好了，蛋黄是我的，宝宝真仗义。"我赶紧伸手，将蛋白中粘着的蛋黄沫子用勺子刮下来送进自己的嘴，吧嗒吧嗒嘴："真好吃，这蛋煮得好香。好啦，笛笛开吃了。"

他没精打采地舀口馄饨送进嘴。开吃了，味觉才会被唤醒，我趁机提醒道："包子要吃一个。"

"不吃。"他有气无力地说，却不可商量。

"要吃的，是你最喜欢吃的。"

"除非是肉包子，不然我就不吃。"他终究不想驳我的薄面，退一步。

"正好是肉包子。看，爸爸知道你喜欢，特地赶去买的，我们该谢谢他。"说时，已拿来一只白瓷小碟，盛了一个包子送到他面前。

他移过碟子，用叉子挑开看了看肉馅儿，才慢慢咬下去。

上学的路上，我突然不放心，问他："你今天没吃饱吧？"

"吃饱了。"

"可是没有蛋炒饭吃得饱，对不对？"

"是的。"他如实回答。

"妈妈知道你，最爱吃蛋炒饭的……"

铺垫完毕，正想说服他尝试接受别的食物，哪知话没出口，他却急切地说："妈妈，回家不要骂爸爸。"

我愣住。整个早晨都对爸爸冷若冰霜，此刻最关心的仍是爸爸！缓了一会儿，才回答他："是的，我们不能怪爸爸。爸爸爱你，才想给你变个花样。"

"我知道的。可是我真的只喜欢吃蛋炒饭啊。"

我这个诡计多端的大人，这回竟不知再说什么。但至少明白了，他作为"势单力薄"的孩子，有着无法言说的"痛楚"。

现实玩耍与虚拟游戏

自从有了下楼玩耍的期待，笛笛的晚餐再也不是筹码，也不是难熬的代名词了，而是一件轻松欢快的事。

孩子的笑脸是天底下最美的花儿，不仅灿烂，还弥漫着无尽的芬芳，生活因此而激情万丈。

我喜欢观察他，观察他任何状态下的表情、动作和言语，观察他哪怕细微的变化，观察这些变化都有哪些缘起。我喜欢享受他，享受他任何状态下的表情、动作和言语，享受那些稚气的开心、沮丧甚至愤怒，享受他成长过程中的所有细节，享受这些细节带给他的潜移默化的改变。

开心时我们是臭味相投的伙伴，一起制造欢喜，一起分享快乐。

这天，我们飞快地吃了晚饭下楼，发现中心公园不似往日那样人声鼎沸。笛笛快速冲过去看究竟——少了几个男孩子。领头的大个子倒是在，此时正坐在水池边端个手机玩游戏。笛笛作为男孩儿对游戏无师自通，只见他把头伸过去看了起来。

现实的玩耍眼看就要被虚拟游戏取代，我不禁暗暗叫苦，避开电视却掉进手游的泥沼，这世道可如何是好？如果连儿童圈也不能幸免，我该带笛笛去找谁玩儿？

我悻悻地在一边徘徊，想要寻找突破口。如果虚拟世界侵入得再狠些，我们将听不到儿童的欢声笑语、看不到孩子的矫健身姿，而只能看见一个个后脑勺、一个个背影。难怪公园都被大妈的广场舞占据，因为孩子都不出来捉迷藏了，不再撒着欢儿追逐和奔跑了。

实在不行，我们就回家。刚打定主意，就见笛笛直起身子，在男孩儿面前晃了晃，左右望了又望，显得有点寥落、有点无趣。

我站在不远处看着，观察他的一举一动。

笛笛一撅屁股，坐到石凳的另一边去了。他也低下头，玩起了手中的变形金刚。

看来在他心里，真实的玩耍还是胜过手机游戏的。

人为的分离应该再少些

昨晚罕见地有应酬，不巧爸爸也有应酬。无奈，只好把笛笛托付给朋友夫妇照料。

我到家时，爸爸在画室练习书法，笛笛被接回，且已经睡着。

早上醒来，笛笛一直望着我。以为有什么需要帮助，我站定，看着他。他没有言语，一直看我，我突然明白了："笛笛，我们又见面了。"

他大笑起来："是的，妈妈。"

我赶紧解释："昨晚妈妈到家你刚睡着，不舍得叫醒你。"我抱过他，说："来，亲一下。"

"妈妈，见到你好开心。"他快乐地回抱过来。

咦！难道昨晚不开心？我不禁在心里嘀咕。重逢的喜悦往往源于分离的酸楚。也许，这种人为的分离应该更少些，再少些。

风一样快乐的少年

笛笛在自理上摆脱依靠，过渡得不着痕迹。个头又蹿高了，骨骼逐渐硬朗，力气成倍地长。从柔若无骨般歪着看电视，到公园里伙伴间玩闹奔跑，他忽然就换了一种状态。时不时抢着替我干活儿，拿快递、提酸奶、拎大桶的食用油，小小的身体长出大大的能量，也同样不着痕迹。

他思维敏捷、手脚勤快，还乐于出力，使我看到风一样快乐的少年模样。

天天在一起，有时我仍然会纳闷儿，他是怎么长大的？

搜索枯肠，记忆中只有两个瞬间使我感到了他的突变。第一次是去年夏天，那天笛笛与我怄气，我看到他拉长的脸上透着冷峻和疏离，稚气刹那间褪去大半。

另一次是年初，又逢笛笛不开心。他生气地一转脸，使我仿佛撞见一个陌生人——他板着的面孔轮廓分明。

严肃的神情更能凸显成长的差别而令人不能不察，而不悦的情绪也在提醒我，不能总拿他当小娃娃了。相形之下，纯真无邪的快乐才是岁月真正的润滑剂。

引申开来，那就是每获得一次喜悦的经验，每经历一次情绪的起伏，都使得那份天真和稚嫩离我们更远。

他正在蜕变，这个过程似乎看不见，却会迅速完成。随着年龄的增长，他的可爱、他的伶俐、他的善解人意、他的委曲求全、他的卧薪尝胆，都会变成另外的东西，它们叫率真、智慧、忍耐、才干和担当……

爱不释手的擎天柱

该睡觉了，笛笛拿着擎天柱不肯撒手。

换睡衣他也拿着，换短裤也拿着。当他要睡进被窝儿，我便"默契"地伸手去接。不想他把身子歪向一边，强烈地说："我不。"

我提醒他："你都要睡觉了，擎天柱也要睡觉呀！"

"不行。"他完全不可商量。

"来，让它睡在你旁边吧。拿件小衣服给它做枕头，它会睡得很舒服。"我顺势说道。

"怎么，擎天柱真要睡觉？"他讶异极了。

"如果它不睡觉，明天怎么有精神陪你玩儿呢？"

"那，那好吧。"

过了十几分钟，笛笛已经睡着了。担心擎天柱戳着他，便过去察看。发现擎天柱已经不是刚睡下时的样子，而是睡在笛笛最心爱的印着大白的蒲团上，而笛笛枕的，已经换成了他那件最喜欢的 T 恤。

这次买的擎天柱玩具，笛笛不再是三分钟热度，所以受到了他特别的爱护。

几天过去了，他与擎天柱仍在"热恋"之中。

这天，他已经睡下好久了，突然间翻了个身，说把擎天柱拿进房间吧。我当然不愿意他折腾，劝他赶紧睡。他无奈，转过身去。不久又开始动弹，继而翻来覆去。我陪睡陪得心焦，一心等他睡着了好溜出去读书，如此仍然看不到尽头。

他终于不再动弹。我吸了一口气，悄悄溜出了房间。

书看了两页，笛笛的声音突然在耳边响起："妈妈，还是不行，我来拿擎天柱。"

呜呼，我一抬头正对着他的小脸儿，无法说出一个字。这时他一把拿过擎天柱，在手里晃了晃："我进去了哈哈。"

"让擎天柱睡觉，不准玩儿！"冲着他的背影，我补上一句。

"知道！"

他很守信用。这回，他让擎天柱睡在床边的茶几上，端端正正的。

大人的方式，孩子的态度

笛笛吃饭时动作不断，喝水、如厕、剔牙，就是不干吃饭这事。

为一块鸡肉与爸爸僵持不下，最后把它掉到了地上。好涵养的爸爸忍不住敲了他的手背，这下可捅了马蜂窝，只见他的脸紧紧地拧巴起来，餐桌上风云突变，气温骤降。

两个大人相视自省，选择了沉默。而笛笛作忍气吞声的抗议状。

好不容易把饭吃完，他钻进了换鞋的小房间，半晌不出来。我好奇，过去一瞧，好家伙，爸爸的鞋子被扔得横七竖八、乱作一团。

看一个大人的修行，主要看他应对突发事件的方式。不用说，我是经不起考验的，一见此情此景便起了嗔心，丢下几句"爸爸这么辛苦，你如此这般于心何忍"之类的话，便洗碗去了。

客厅里有异响，我扭头一看，笛笛正在踢椅子，见我望他，便挑衅地把电扇放倒。那神情，不只迁怒于物件，更要报妈妈以颜色。

我不干了："把电扇扶起来！"

"不扶！"声音不大，却很犟。

我重申时他不再回应，径自去搬大椅子，表示要接着干。

妈妈是有血气的，心头"腾"地冒出一股火，怎么也压不下去："扶起来，它们没有冒犯你！你不能迁怒于它们！"

他不理，仍旧摆出挑衅之色。

我暴力的一面终于爆发，过去一把将他"撂"倒在地："你把它们放倒，妈妈就能把你放倒。如果你摔它们，我就能摔你。对，就是这样。"

"还有，你必须尊重爸爸！"我继续疾言厉色，内心却不知该如何评价他——开心时，对父母百般喜爱，百般亲密；不高兴时，就把亲恩扔到爪哇国去了。

他呆若木鸡，委屈地望着我，竟说不出话来。

"别看我，它们是无辜的，你却不是。"我代表正义，自然掷地有声。

第二天下班到家，笛笛正跪在椅子上玩积木，书包和换下的鞋子扔了一地。我准备说什么，张了张嘴忍住了——不能见面就责备，我奉劝自己。我上楼把阳台上的衣服收进屋，爸爸也敬而远之，将汤熬上锅后也上楼了。我收拾好，便站下欣赏爸爸那行云流水的书法。

　　耳边传来笛笛上楼的声音。

　　我明白他终于不甘寂寞，故意下楼与之在楼梯拐弯处相遇，揶揄地问他："你干吗，跟踪我吗？"

　　"对啊，我就要跟着妈妈。"他狡黠地说。

　　"你对你的朋友不好，我不能交你这个朋友。你还是自己玩儿吧，别跟着我。"我开始卖关子。

　　"我怎么对朋友不好了？"他一脸懵懂。

　　"你说，你的书包和鞋子，整天陪着你算不算好朋友？看，你却那样对它们……"

　　"那，那我去收拾一下。"说罢就返身下楼，收拾去了。

　　动作之利索是我前所未见。

　　从前后两天的纠正效果看，不论大人自认为思想有多正确、言辞有多正义，对于无意作恶的孩子仍是一种教育过当，伤害他的自尊，反而激发了他"尝试作恶"的冲动。

　　幽默是一种很好的方式。

　　情感则是上佳的催化剂。

失之东隅，收之桑榆

一群朋友相约去绩溪上庄观摩"安苗节"。因为一个课程，我不能陪笛笛父子俩一同前去。

笛笛有人来疯，除非有一个人始终在边上提醒着。爸爸的朋友们是他早已熟透了的，从小就没顾忌过啥，大家也一直包容他，由着他闹腾。所以我不由得替他俩捏一把汗。

一大早便千叮咛万嘱咐，一定要听爸爸的话，要讲文明懂礼貌，要表现得有教养，不要使性子等，笛笛眼眨都不眨全答应下来。

我仍然有一百个不放心，好似放出一匹脱缰的野马。

晚上他们进家时，果然顶着两张扑克脸，问谁谁也不说话。事实再一次证明了，纯粹的说教是纯粹的耳边风，无法与亦步亦趋的陪伴相提并论。

爸爸一声不吭，径直上楼写字，笛笛则万般不高兴地趴在桌上。"该洗洗睡了。"我说。他不搭理。僵持良久，我也不高兴了："既然是在外面发生的不愉快，就不要带进家了。应该把它们丢在外面。"

他闻言沉默了片刻，站起来慢吞吞地上楼。

有意给他点"颜色"，于是告诉他，既然能惹好脾气的爸爸生这么大的气，妈妈也不能原谅你，今天的澡得自己洗。他硬气，径直去卫生间，一会儿便湿漉漉地跑出来，刚穿上的T恤湿了一半。让人又好气又好笑。

默默地睡下无话。

第二天晚上，笛笛该洗澡了。我提醒他说完全能自己洗时，他二话不说就进了卫生间。调试水的温度，把自己淋湿，再把洗发水抹在头上，胡乱抓了几把，冲了一冲便说好了，要拿大浴巾擦身体。

"我去，这也叫洗好了哇？"一直在观察的我夸张地说，"简直没洗到一半。"

"啊，还要洗啊。"他很纳闷。看来昨晚就是这样洗的。

"这样，看。"我站在他对面，用手在自己头上示范，嘴里说着额头、耳朵前后、后脖，想想还有哪里没洗到？

"都洗到了。"他肯定地说

"好，都洗到了就把头冲干净。对，就这样，毛巾拿去，把脸揩一揩。"

应该洗身体了。我告诉他，沐浴露是那个印花的瓶子，他拿下来说这个好漂亮啊，说明昨晚根本没用。

他把身子抹得太含糊。我只好又回到他对面，开始"做操"：看，左手臂、右手臂、左腋下、右腋下、胸前、肚子、后背、裆下、腿、脚脖子，好嘞，冲淋，完毕。

他听着口令，喜不自胜，左右摇晃着给自己擦澡，借机把小屁股扭得花枝乱颤。我羞他，他便笑得前俯后仰的。

"失之东隅，收之桑榆。"一次惩罚，让早就计划而一再搁浅的事成了现实。

Part 03

小学
见面会

小学见面会的早上

今天是新学校的见面会。

我找了一件淡紫色短袖衬衫、一条深蓝色中长裤给笛笛穿起来。以我自作多情的想象，他站在一群T恤短裤中间，肯定显得倍儿精神。

吃早饭时，爸爸按照他的思路，说今天要去新学校，就不要送幼儿园了。

我立即说："不，不能把他放在家里。他上午去幼儿园，下午接他去见面会，结束直接回家好了。"当着笛笛的面，我没直说的台词是——在家万一和爸爸闹不愉快，反而影响见面会的表现。

不料笛笛自己接话了："还是去幼儿园吧。"

"嗯？你为什么也觉得去幼儿园好？"我很奇怪。

"在家里，嗯……万一搞砸了怎么办？"他淡定地吃着煎饺，好像心知肚明的大人，说其他不懂事的孩子一样。

"原来你很清楚哇。"我感到很意外。这个浑身长刺的小毛孩儿，竟懂得判断利害了。那么，前天与爸爸出门到底发生了什么？

"对啊。"他应道。"关键时刻保持平静"这样的道理，他是怎么无师自通的？

好吧，既然他自己也说去幼儿园，爸爸就不说话了，顺其自然正是他的名言。照例一起出门，我上班，他上学。路上照例闲谈，他邀请我晚上再和他一起搭积木。

昨晚，笛笛跟着妈妈的"体操"动作，把自己洗得很干净，好大的成就感使他格外开心，缠着要我陪他一起搭积木。两人在榻榻米上对坐下来，他才说要与我比赛。我不在行，于是叫苦不迭，笛笛越发不放过我。最后因为风格完全不同，并不能分出胜负，但我们搭建的物体摆在一起，竟是一座雄伟的城堡。

因为昨晚玩得有意思，笛笛才要在上学前与我敲定晚上继续。

"行啊，我们还可以……"

没等我说完，笛笛就抢先说："当然，我先把作业完成，然后吃饭也乖乖的。"他揣摩着说出我心里的话语。

"好的，我们吃完饭还早的话，可以先下楼玩一会儿。"我再加一层喜悦。

"一言为定。"他爽朗地应道。使我相信，随着他的长大，我们那段莫名其妙、纠缠不清的日子已经过去，迎接我们的是开心快乐的每一个日子。

发脾气撕本子

因为早上快乐的约定，傍晚进家我就找笛笛。

爸爸做饭，笛笛却不见了。"怎么，我家笛笛不见了？"我故意高声惊叫，朝客厅走去。

笛笛正猫在沙发与茶几之间，发现我的到来，便迅速地移到另一边。

小朋友一脸兴奋。虽然被我用目光捉住，却仍然过了一把迷藏瘾。快乐其实很简单，不是吗？

当我问他见面情况时，他却冲进了厕所，坐在马桶上摇晃着双腿，卖关子似的说："这是个秘密，不能告诉你们。"

"切，别是让老师给问住了吧？"我故意激他。

"乱讲，不是这样。"他正色道。

当你再一次问他时，他便又正色道不能告诉你们。好吧，一个准小学生的秘密，到底会是什么样子呢？有秘密也是一种成长，看他开心，我们便不再追问。

晚餐还早。想到早上的约定，我提议："赶紧把作业完成，好下楼玩一会儿。"

"好！"他兴奋地跑上楼，我从来没见他写作业这么兴奋过。

我对美好日子满怀期望，痴痴地望着他一道一道题地做下去。明显地，算盘珠儿拨错了，我提醒他，他改正；后来索性连计算概念都反掉了，得出的答案谬之千里，我再提醒，他有点扫兴的样子。

得！为了幸福大计，为了热度不降，我自觉禁言。直到全部做完，他将本子递给我，我很为难："真要妈妈看吗？妈妈有不太好的预感。"

"看吧，妈妈。胆子大一点。"见他信心满满的样子，我狐疑地望向作业本子。

"错了好几道！"当我说出这一事实，他的脸忽地一沉，身体一下子垮掉一般，软软地趴在桌子上。

"来吧，就几道题，改正很快的。快点，等你一起下楼玩儿。"我催促他。

他不理，手臂软软的，再也提不起来。

"早上我们就约好的，快啊，一会儿就能下楼了。"他无动于衷。忽然，他伸手撕烂了本子上的那一页。

我见状"腾"的一下站起来。他吓了一跳，发觉自己过分了，但是晚了。我问他："你做错了题，本子没有不高兴，妈妈没有不高兴，你居然不高兴起来。就算你不高兴，也应该知道是粗心造成的，你不反省自己，却撕了这么好的本子。你告诉我为什么？"

我连珠炮似的发问，他听得一愣一愣的，哑口无言，眼泪在眼眶里打转。我继续："你告诉我，撕了它，你是泄愤了还是解恨了？你为什么要迁怒于它？做错题目并不是问题，你这种情绪才是问题！你对伙伴的态度有问题！"见他一脸不服气的样子，我解释："本子、文具都是你的伙伴，你对你的伙伴难道不应该好一点吗？"

他终于开口了，用极低的声音抽泣着说："下次，下次不乱发脾气，不，不撕本子了。哇……"

不用说，别说下楼玩耍，连晚餐都泡汤了，任我如何相劝都无法调动他。早上建立起来的美好愿景都成了幻影，像气球里的空气一样刹那间泄去。

一直到爸爸出现，他的情绪也没转好。我只好左顾右盼去做些别的，不再提下楼玩耍的事。他对爸爸妈妈都有气，不搭理我们。我们出于父母的自尊，也不肯纤尊降贵。于是晚饭后，他搭乐高，我看书，爸爸写书法，各不相干。

说好的一起搭积木也没人提起。

说时容易做时难

吃早餐，照例是不开心的。假如你还催促，他便与你话不投机。

没法子，吃饭就是一道难关。

但不妨碍饭后愉快地出门，以及路上的闲谈。

摆脱了饭碗的笛笛，很快恢复开心的面容。屁颠屁颠地跟着我，下楼，上车。刚驶出小区大门，笛笛就开始发问："妈妈，是不是上完大学，就可以上初中了？"

"嗯？上完大学为什么还要上初中？"我没搞清状况。

"我是说，我上完大学就可以上初中了，是不是啊？"他一字一顿。

"你先去上小学，上完小学就上初中了，然后再是高中，再是大学。"我又把排序跟他普及一遍。

"那要是上完大学了呢？"这家伙，玩跳级呢。

"看情形。你可以继续上学，也可以去上班、养活自己。"

"上大学的人是不是很棒？"他突然问。我猜，他一定想到了姐姐，姐姐就在上大学，离开家，住在学校里边。

"是的。"

"我要怎么才能很棒呢？"

一时不知从何说起，便只好说："你要很棒，才能很棒啊。比如上很棒的小学，上很棒的中学，然后考到很棒的大学。"

"哦，我想很棒。"

"你昨天去的学校是不是很棒？"一直想知道他见面会的情形，于是问他。

"很棒啊。"

"如果被录取了，你说你是不是很棒？"

"是的。可他们会录取我吗？"

"他们会的，你多棒多聪明啊。"

"如果他们不录取我呢？"

"那说明你还要努力，变得更棒才行。"

"哦，那我想更棒。"

"可是你说话要算话哦，不能像昨天，早上说得好好的，晚上又变卦了。妈妈的头给你搞得好晕。"我耿直的性子使我藏不住心事。

"妈妈，我知道了。"他万分恳切地回答。

我也知道，说的时候都是真实想说的话语，没有半点虚假的成分，都是遇到难处或被切中要害才突变的。

成长的意义，也许正是扩展各种容量吧。

母子一起学习

回到家，笛笛在小房间里做作业，爸爸在厨房里做饭。

只是与他爸爸说了几句话，再回头，笛笛已经跑得没影了。不用看，一定是搭积木去了。

我强迫症似的过去看作业，幼儿园抄回的算术题全做完了。仔细一瞧，答案像是被移花接木，与题目毫不相干。百以内的加减法，注明了用珠算的，虽然超出了以往难度，但老师布置了，还得认真对待不是吗？我叹了口气，连取算盘的耐心都没有，还说什么认真？

该吃饭了，我暂时不提作业这茬儿。刚在餐桌前坐定，玩在兴头上的他立即换了一副无精打采的态度，使你不得不佩服他"模式"切换的自如。

当他一再地去夹那道凉拌香菜时，我们提醒他碗里还有很多，他不理会。劝他好好吃时，他便中了魔道似的，虎着脸，用眼睛白我们，白过来白过去，一脸不悦地挑衅。

大人禁声，埋头吃自己的饭，吃完了移至客厅。爸爸兴奋地谈起今天学习上的收获。作为书画家的他，埋头艺术创作和研究，苦苦探寻、上下求索，每有收获便与我分享。当他侃侃而谈时，笛笛将碗敲得啪啪响，过了一会儿他走过来，问："你们在干吗？"

"我们在讨论学习。"我俩异口同声。

他默默地走回饭桌，继续对付他的饭。没过一会儿又回来，鼓着腮帮说吃了多少多少，如此再三，很是沉不住气。终于吃完，见我们还没谈结束，便心浮气躁地搭积木。没一会儿又沉着脸过来，和谁赌气似的，手里攥着搭成的飞机，说机翼装不上去。

"哎哟，这个事情该留到榻榻米上去玩儿呀，我们还要比赛呢。"我想起某天的约定一直没付诸行动，提醒他，"快，先把作业本拿来，赶紧的。"

他一听比赛，眼睛唰地被点亮了，提到作业也不介意，并诚实地说："全都错了。"

我白他一眼："快去，把算盘拿来。"

他跑出两步又回来，盯着我："要妈妈陪我做作业。"

"不行，妈妈要看书呢。"孩子心是海底针，又和谁较上劲了吧，我故意卖关子。

"就要妈妈和我坐一起！要不你看书也行。"他又霸道又婉转地商量。

"那也不行，你总吵得我看不下去。我还是喜欢一个人看书。"

"这样，你看书，我保证不吵你，一句话也不吵，说到做到！"他过来摇晃我的手臂。

爸爸已经帮他把桌子拉好，摆上太师椅，我抢先坐上去，很舒服地说："可是我的书都在楼上。"

"我去帮妈妈拿书。"笛笛前所未有地殷切，简直是不达目的誓不罢休。

"这样啊，我考虑考虑……"见他很耐心地等我的回复，便假装思索地说，"你不知道是哪本书啊，我看的是那本草绿色和白色封面的。"

他已经箭一样冲上楼，很快找来两本书，站在楼梯拐弯处举给我看，问哪一本。见他如此执着终于不忍，便说一起拿下来吧，时间要紧。

一起坐下。我支起胳膊看自己的书，他则正襟危坐，拿过橡皮把原先的答案全部擦掉，开始拨算盘。爸爸一看没他的事，只好上楼去了。

我忍不住瞟了一眼他的作业，要知道他有多恐惧它们。笛笛一见我看他，立即伸出一根手指封住嘴唇，示意我不要出声。我左右环顾，这是怕吵着我吗？好吧，我低头看书。

他一声不吭地拨算盘，认真地填答案。我打眼一望，这回做得都对。憋不住想说什么，他又"嘘"，使我不能造次。好吧，我继续看书。

读一篇散文的工夫，他便自信地把作业本往我跟前一推："好了，妈妈检查吧。"如果我没记错的话，他从来没有这般庄重过。

——检验，全都正确。当我无比惊讶地望着他时，他咯咯地笑起来，推开椅子，收拾好一应物什，往楼上走去。

他对着楼梯叫唤："爸爸，我们的学习也完成了。"

孩子的脸，六月的天

笛笛的学习任务完成得出奇的好。

我很开心，笛笛选择我陪他学习，是不是意味着将来的日子里也能相伴学习一起进步呢？我幻想着，迎来母子史上最有信心的一刻。

这"一刻"不是"一天"也就罢了，结果连"一晚"也不是。等我上了楼才发现，事情远没那么简单——果真只是一刻而已。

只见他把小飞机丢在爸爸的画案上，说这个搭得不好。

我说没关系，我们先洗澡，进了房间再一起研究吧。他不置可否，一个人坐到书房的桌子旁，不知怎的，情绪一落千丈。

大人都有揽责任的毛病。我们俩面对笛笛扔下的东西，不由得动起了脑筋："也许应该这样，还有这里，把方块拆下，装到这边来……"幻想通过我们精彩的对白把他吸引过来，哪知他"动心忍性"，一口咬定这套积木不好，就是不好。

我们想说服他调整方案，他就是不应。没法子只好自己继续。两个臭皮匠捣鼓得很有点样子了，他也不来看上一眼。如此这般，半个小时过去了。

人说孩子的脸六月的天，真是没错。

各自分头，爸爸去写字，妈妈去看书。可孩子在生气，妈妈的书看得飘忽不定，再一看时间，九点多了。于是硬着头皮关照笛笛该洗洗睡了，他仍然在生气。

爸爸将他领进去，洗了澡，淡淡地说句睡觉吧，便出去了。他快快不乐，坐在榻榻米上，不肯睡下。

为什么不肯睡下？榻榻米边也有一组积木，此时却引起了他的兴趣。他开始捣鼓……见我路过，便望着我，我假装没在意。他终于开口了："妈妈，陪我搭乐高。"

"今天迟了，你睡觉吧。"

"你不陪我搭乐高，我就不睡觉！"他的口气不可商量。

"这样说话，我是陪还是不陪？你想过没有，我会怎么对待？"我索性站在他跟前，俯下身子看着他说。

"我不管，你陪我玩。"

"你该睡觉了……"

"要玩乐高……"

僵持了好一会儿，心想弃他于不顾，可人却在他身边躺下来："陪你睡觉吧，妈妈正好困了。"

他坐在那里，僵着身体，不开心地转过脸去："就不。"

我霍地坐起来，不再好言相劝："你想想你自己——该玩乐高的时候你在生气，该睡觉了你要玩乐高。你能不能讲点道理？"

他一脸愕然。一味地冷处理相当于和稀泥，我又决定较真一把。

"你很聪明，应该知道你对妈妈生气发火，妈妈心情也会不好。妈妈心情不好的时候，你却要逼妈妈陪你玩儿，你讲不讲道理？妈妈告诉你，妈妈生气了，心情不好，不能陪你搭积木！"

他无声地转过身去，用日益厚实的脊背与我无言对峙。

在喜怒哀乐中，一天就这样过去了。

为了玩具"忍辱负重"

笛笛在榻榻米上搭积木。

鉴于昨晚的斗争，我没主动与他打招呼。他也没有理我。我们是欢喜冤家。

放下提包就下楼帮厨。很快，传来他不甚愉悦的声音："妈妈，妈妈，来和我搭积木！"

今天无非是昨天的翻版。我在心里嘀咕，继续收拾餐桌。

他不依不饶地叫，更加歇斯底里。我也没好气："有话下来好好说，妈妈这儿有事。"

楼上蓦地没了回声。

该吃晚饭了。他百般无奈地坐下，照例一脸不高兴。好言相劝，他却只望着爸爸，我知道，他对爸爸有要求。昨晚突然发飙，无非是对那组新积木的厌倦。

果然，他用极低的声音跟爸爸说"买玩具"。爸爸装作没听清，只给他夹菜。肉圆子，不要；西红柿，不要；汤也不要，一百个不合作。

爸爸对他倍加怜爱，想必幼时就对他经常妥协。我再也按捺不住："你跟爸爸生气，给爸爸脸色看，爸爸心情也不会好的！你想啊，爸爸心情不好，怎么愿意去超市？"

他很生气我的打岔，虎着脸转过头来。我装没看见，边夹菜边平静地说："你想啊，昨晚你脾气大，妈妈陪你搭积木了吗？妈妈气都气死了。"

只见他愣了愣，忽然站起来去舀汤和肉圆子，接着转动桌子去够西红柿。一应作为与刚才相反，表情也慢慢松缓下来。我俩莫名其妙地看着他，他全当没看见，坐下来虎虎生风地吃饭。当我们夸赞他时，他显得谦虚而愉悦。席间见爸爸额头出汗，他还不辞辛劳地绕过桌子去抽纸巾，跑回来帮爸爸擦。我在桌子这边，看见对面的爸爸受宠若惊，心里都要冒出汗来。

又想和爸爸提玩具，我提醒他忍耐，先做好自己。他便回到吃饭的频道，绝口不提了。

"要命，变成个马屁精了。"上楼后，爸爸忐忑地说。

"没事儿，他得先学会让父母舒心。我们一步一步来。"我安慰他，像个促狭的阴谋家，"只要他学着控制情绪，接下来的事情便好办了。我们可不是好哄的。"

六周岁的孩子，耐力远低于脑力。他想到的便是天大的事，他越急，大人越想磨，于是战争升级，于是他试图通过率先发难来"威胁""震慑"，直到你愿意妥协或与他"利益交换"。

今天笛笛终于肯忍耐了，不仅吃饭"像大人一样"，还主动写起拼音作业来。我们在谈艺术的气息，他就独自拿个画册画画儿，知趣地不打扰我们。

直到我说，我们洗澡然后一起搭积木时，他才"哇"的一下欢呼起来，立即把所有的乐高积木拢到一起，抱着就往房间跑去。

这是笛笛最开心的夜晚。笨手笨脚的妈妈面对无数乐高小颗粒，表现出的无从措手既让他好笑又让他担心，他主动过来帮忙，甚至愿意把自己的新组合让出来。我当然不肯接受："我要独立完成。"

"好吧，我搭慢点。"他退过去，把前一晚搞砸的那架飞机拆掉，重新组装。

"妈妈，你今天开心吗？"为我那无法完成的航母加上一个威武的士兵后，笛笛关心地问我。

"开心！你呢？"我望着他。

"太开心了。妈妈，我的飞机比你的威风！看，它飞过来了。"他举着飞机在空中盘旋不已，盘旋不已。

学习时不能喝水

与笛笛话不投机，便泡了壶茶，跑到小书房看书。笛笛发现了，也来坐下不走。

我淡淡地说："妈妈要学习呢，你出去玩儿吧。"

"我不出去。"他顿了一顿说。

"你又不学习，待在书房干吗？去吧，别耽误玩儿。"我的语气里有一丝轻蔑。

他叫道："我要学习！"

"你要学习？你学什么？"我故作惊诧。

"我写字。"他终于提到我刚才催了几遍的作业。

我仍不放心："你一写作业就很多小动作，会打扰到妈妈。"

"我不做小动作！"

嘴硬对妈妈没用，我仍然下逐客令："我不相信，每次吃饭、写作业都一样，一会儿喝水，一会儿上厕所，一会儿还要剔牙。你还是玩儿吧，妈妈学习需要安静。"

"我认真写字还不行吗？不喝水，不上厕所，也不做小动作。"他说。

我伸出一只手，与他击掌："成交！假如做不到，我就把你轰出去。"

他飞快地跑出去，抓了笔和本子就旋风般冲回来，在我左侧的蒲团上坐下，提笔就开始写字。见他认真的样子，我心里别提有多得意。对付这个小毛孩儿，竟然要动用"欲擒故纵"的计谋，看来为人父母不仅需要十八般武艺，还得要有帅才！

主动过来一起学习，此情此景正是我梦寐以求的。心里一舒坦，便习惯性拿起茶壶给自己斟一杯茶，让茶香溢满心脾。

一口茶水刚咽下，笛笛猛然抬头："妈妈，不是说学习时不能喝水吗？你为什么喝？"

我一愣："我，我……"

"你不是说要认真，不能喝吗？"他揭发得很彻底。

我想回答他"我是不准你喝水"，可是这多专政而无理啊；我又想说"看书喝茶是我半辈子的习惯"，但这不是摆明了"只许州官放火"吗？急中生智，我最后只能这样回答他："妈妈喝水不耽误看书，而你不一样，你一喝水就会耽误写作业啊。"

"不，妈妈也不能喝！妈妈喝水了，妈妈喝水了……"笛笛不依不饶，得意地蹦起来，再也不肯坐下。

"公安局长" 批阅文件

为了鼓舞他的"士气",我一大早就把那套警服拿出来。

自从"六一"再次表演了警察,他一直怀揣着更为强烈的警察梦。后来曾在家里扮过一天,那一天的他非常注意仪容仪表,走路姿势规范,就连吃饭也不忘记拉直衣服,身体倍儿挺拔。

他一看到警服立即欢呼,从榻榻米上蹦起来,起床的艰难一扫而去。笛笛长得瘦长,作为道具的斜挎的白色宽皮带虽然帅气,却显得过于宽大。他灵机一动,换上爸爸的黑皮带,在自己的腰上绕了两圈,总算把小蛮腰绑牢。戴上大盖帽,别提多精神了!

警察仍然要先看电视。我告诉他,学习任务完成才能看。他十分不悦,与我磨叽。如上篇所述,妈妈喝水"惊扰"了他后,他闹了好一阵,怎么也不肯消停。终于达到了极限,我实施"轰"的手段,叫他出去,他不肯,我又赶,他还是不肯,最后惊动了爸爸。

爸爸进来,拉着他的手往外走,他不服气地直跺脚。爸爸说:"你看,你今天多帅啊,穿着警服呢。"他才想起今天身份的特殊,在画室的茶桌旁坐下。"你看你坐直的样子,太棒了。"爸爸轻言细语,悄悄替我关上门。

我回归安静的氛围,心却怎么也定不下来。没一会儿,爸爸从微信里发来两张照片,皆是笛笛正襟危坐在写作业。爸爸终究棋高一着。

等我从小书房出来，笛笛已经超额完成了任务。

良好的开端却有个砸蛋的结局，糟糕的开始不见得狼狈收场，其间学问太大了。晚上，我十分佩服地问爸爸："你到底用了什么好法子？"

"我跟他说，你坐直的样子像公安局长在批阅文件，他就来精神了。对付这小子，不换脑筋可不行。"他笑着，突然顿了顿："这样……不会给他闹出什么官瘾来吧？"

"这，我也不知道啊……"

"公安局长"变小宝宝

昨天笛笛当公安局长，倍儿精神。

今天早上吃饭，我黔驴技穷，不由得偷师爸爸的"故技"。

第一时间给他盛了饭，搁桌上散热。想到他吃饭的磨人，还自觉地少盛了一口。哪知他仍然嘟囔说饭多了，不肯张口。

我一个劲儿地表白："妈妈今天给你盛的饭不多，你看一下。"

"还是多了。"他勉强看了一下说。

"你看，你的脸这两天都小掉了，当警察不强壮就不帅气了。"帅，也许比抓坏蛋管用，我思忖着，得常换常新。

他无所谓地、慢吞吞地喝水。一口饭含在嘴里，半天也不嚼一下。我想到昨天爸爸的话，便说："当公安局长就更了不起了，得指挥你的部下抓坏蛋对不对？"

"抓什么坏蛋？"他眼睛一亮，含着饭问。

"现在，你的牙齿就是警察，碗里的饭就是坏蛋，快，指挥你的警察把它们消灭掉。"

他听了，牙齿不由得加快，用劲儿地嚼着。我不由得暗喜，对，就得换脑筋。他嚼着嚼着，速度又慢下来。当我再催促时，他显然咬不下去了，并且问我："妈妈，如果把饭倒到垃圾桶，算不算消灭掉了？"

"啊，什么，什么垃圾桶，坏人躲在垃圾桶吗？"我实在接不了腔，便装聋作哑。

趁着我上楼换衣服的当儿，他也离开座位追上楼。我只好飞快地下楼。因为时间还早，我端过他的饭碗，舀起一勺："这是哪位乖宝的饭，闻着就香。"

尾随我的笛笛应声就扑过来，张嘴就来够勺上的饭："我的饭。"

等我再舀起一勺时，他便像嗷嗷待哺的婴儿般张口吃了下去。

原来今天他不当局长，要当小宝宝了。

眼皮怎么不听话

这两天笛笛像吃了兴奋剂，白天的精力充沛就别提了，晚上该睡觉时也抖擞万分。

冬天的晚上，八点就让他睡觉了。春天以后，也能在八点半左右睡下。只有他睡了，两个大人才能安心学习。可是最近，睡觉时间竟在不知不觉间往后推。八点半催促，九点钟还没睡下，搭积木、玩擎天柱。

我们总是说，你再不睡，我们都想睡了。

前晚，我在笛笛身边装睡，以期他受到"传染"早点进入梦乡。结果是一起睡去，等到猛然醒来，时间过去了一大截，赶忙拿起书来看，却精神恍惚，怎么也看不进去了。

昨晚忙家务，没时间陪小君子。爸爸见时间到了，便放弃功课去他身边陪睡。哪知他越发得意，竟嬉皮笑脸地、变着法子戏弄爸爸。爸爸倒是想配合他，但确实该睡觉了，于是懒懒地，想着他玩腻了总会疲倦。

一个小时过去了，他玩兴不减。爸爸时间更珍贵，在这里用掉的总要在午夜补回，我忙完家务，便主动去交换"人质"，把爸爸解放出来。笛笛见妈妈自投罗网，又兴奋了好一阵。

我终于没好气："快睡，再不睡，明早起不来床，到时妈妈不放过你。"

"不可能！不可能！"是不可能起不来，还是不可能被责怪，谁知道呢？总之，只要有个话头他便要兴奋。

我又生一计，学老僧入定，在榻榻米的一角盘脚、闭目。他学了约莫十秒钟，便滚倒下去。滚啊滚，听我又催他，他抬起头来问："妈妈，我问你一个问题。"

"什么问题？"

"为什么眼睛总是不听话？"他故作认真地问。

"什么眼睛不听话？"

"我是说眼皮，闭在这里，它自己睁开了。它怎么不听话？"这小子，我早说什么来着，对，表演系。

"那是因为你没管住它。你命令它闭着，它能睁开吗？"

"不行，还是不行，它就要睁着。"他又在枕头上打滚。

我看着他，不知再说什么。眼皮之于他，就像笛笛之于我们，一个做不到、一个管不住。

一直闹到十点多，他动作的幅度渐渐小了，我知道，这回他的眼皮真的不听话了，然而我的眼皮也开始不听话。

饭局的"终结者"

今天姐姐放暑假了。笛笛从幼儿园出来，一见到姐姐便扑上去，别提有多亲热。告诉她，自己又长大一岁了；告诉她，自己要读小学了；告诉她，自己会认好多字，还会读很多拼音。

一直以来，我们对他的文化学习没有过多想法，但求完成作业。日积月累，也学到了不少知识。听着他们的对话，心想他是不是也尝到了学习的好处。

姐姐惊奇地看着他，感叹他长大了。然而晚餐时，笛笛便让她见识到了长大的另一面。

我们仨到家，爸爸正在与两位外地来客交谈。临近晚餐时间了，来客没有要走的意思，我在心里捏了一把汗。不出所料，爸爸和客人下楼，招呼我们一起去小区外的饭店用餐。

到了饭店，笛笛便条件反射般地，无论如何也不肯进入吃饭的正轨。当着客人的面，用可乐吸管把两根筷子串起来，举在手里舞来舞去："看，我的双节棍。"把可乐喷洒了一桌子。

菜上来了，他不愿坐着，独个儿蹦跶玩闹，怎么规劝都无济于事。我和他爸爸四只眼睛看着他，在心里叹气，这孩子，心里打着算盘。

这算盘，并不因姐姐的回家而减弱，更不因客人的在场而收敛。恰恰相反，这两个因素的叠加，使他"活动"空间更大了。这得从去年迷恋手游说起。

饭局的冗长，加上大人喜欢挑逗，使他厌恶聚会的餐桌，变得越来越不合作。有一次，爸爸的朋友为了逗他开心，打开手机游戏给他玩儿。岂知此后笛笛再见到他，都要找他拿手机，即使要接电话也不还。

拿着手机的他，随便你往他嘴里塞什么，来啥嚼啥，只要不拿走手机。饭局结束该归还手机了，他就立即陷入负面的情绪。无论我们如何铺垫、如何开导都不管用。

除了闹得鸡犬不宁，就是低头玩手机静得出奇。于是我们淡出了饭局，辞不掉的，由爸爸只身前去。那里不是地雷阵胜似地雷阵，我们小心地避让。渐渐地，他终于明白强拿别人的手机不好，于是在无论如何也避免不了的饭桌上，不再向别人要手机，而是早早地把自己喂饱，再取来爸爸的手机玩一会儿。

我们以为这样的结果不错，至少可以像个有"教养"的孩子坐上一刻钟，正经吃些食物，使饭局有吃食的内容。

也许是太久没在外吃饭，忘了先前妈妈无数次的叮咛，加上今天与客人同行，妈妈没找到机会提醒和铺垫。总之今天，他一分钟也没消停，敲桌子、撞椅子，把包厢门使劲摇晃……服务员见他不安心，便把适合他的食物先上，哪知他瞧也不瞧。

他心里明白，当着客人的面，我们不会呵斥他。这是一个难得的机会。

起初，客人觉得孩子不懂事，甚是调皮可爱。时间一长，发现了他的冥顽不灵，便三缄其口了。

我示意女儿快点吃。她惊异于弟弟不一般的表现，于是快马加鞭，迅速把自己喂饱了。

起身与客人告辞，借口说要去别处，我们仨逃出了饭店。

妈妈的工作不能丢

笛笛近来吃饭不太安稳，小脸儿又尖了回来。说实在的，固定的一日三餐对他来说，真是一项沉重的负担，特别耽误玩耍。假如饭能像果汁一样一饮而尽，不仅笛笛开心，大人也更加欢欣鼓舞。

像往日一样，面对饭碗的笛笛完全没有激情。"看，今天的早饭不一样哦，用雪菜炒的，很香。"我的开场白，希望能引起他哪怕一丁点的兴趣。

笛笛勉强舀一小口送进嘴，挺给面子的。

"知道吗？有一个小孩子名叫小笛，很聪明很可爱。"要扭转这种"没精打采"，需要餐食的多样性，然而笛笛选择不换餐食，我只好提供不一样的"调料"。

他果然即刻亮了眼睛:"小笛是谁?"

"这样,你吃一大口,我慢慢给你说。嗯,好,小笛是大笛的儿子,小笛最喜欢吃稀饭。"

"他为什么喜欢吃稀饭?"

"小笛喜欢稀饭不用嚼,能吸着吃。他不明白,为啥有人喜欢吃蛋炒饭,蛋炒饭多硬啊,咬也咬不动。能吃蛋炒饭的人真是太厉害了,他很佩服。"我继续编故事。

笛笛一口接一口地吃着,这时停了下来:"他真没用,居然不会吃蛋炒饭。"

"是的,不是每个男孩儿都这么棒的。"见他打开了胃口,我原形毕露,看了看时间催道:"对了,今天不早了,要吃快点。"

"……"他正想说啥,却被我打断。我只好解释:"知道吗,如果妈妈上班迟到,会被老板炒鱿鱼的。"

"炒鱿鱼是什么?"他一惊讶,注意力再次收了回来。

"炒鱿鱼就是开除呀。就是老板跟你说,'以后你不用来上班了,在家带小孩儿吧。'"说罢我委屈地望着他,巴望他鼎力支持。

"如果被炒了会怎么样?"他塞一口进嘴,问。

"会怎么样?会很伤心的!说来话长,这样,等你吃完了,我们上车再讨论。"我一边去换鞋,一边催促。这时他急了,赶着往嘴里扒饭,差点呛了自己。

他不想害得妈妈丢工作。

虽说吃饭不宜多说话，但说话能转移没精打采，能打消他对吃的不耐烦。

出门，乘电梯，上车，驶出小区。拐上大路的时候，笛笛发问："妈妈，你跟我说说，如果大人被炒鱿鱼，会怎么样？"

"啊，笛笛这么关心，好感动。你知道吗？每一个人都珍惜自己心爱的工作，不想丢了它。所以丢了工作都会非常伤心。"

"会怎么伤心呢？"他追问。

"听老板开除自己，有的人会愣在那里半天说不出话来，不知道该怎么办。他没了收入，没法抚养自己的孩子，不能照顾好家人。"

"还有呢？"

"还有？还有的人，丢了工作不敢回家，不知道怎么跟家人说。没了收入就没法改善生活，孩子要玩具、要衣服都没钱买，车子没钱加油，你说日子怎么过？"

"老板就不能再给个机会吗？"

"一般老板开除你，一定是你已经很过分，他太生气，再也不肯原谅你了。"为了让笛笛明白其中的厉害，只好借老板说事。

"那样的话就太惨了。"

"妈妈不会的。笛笛多棒多听话啊，不会让妈妈迟到的。我们可不是那种蛮不讲理的小孩儿。"我非常自信地告诉他。

"如果小孩儿不乖，大人就要急哭了。"他竟能领悟到这一层。

傍晚到家，笛笛第一句话便问："妈妈，上班迟到了吗？"

"到单位正好八点钟，不过打卡时已经八点零二分了。"天气太热，我抹抹额头的汗水，"你知道吗，妈妈受到批评了。"我没告诉他，那是自我批评，不是老板的批评。

"啊，还是迟到了啊。妈妈吓得都出汗了？"他从沙发上站起来。

"妈妈在想，以后我们怎么办？"

"以后我们吃饭快一点。"他完全明白什么是关键。

我冲过去，握住他的双手，很官方地握了三下："谢谢，谢谢，谢谢你对妈妈的支持。"

"不用谢，妈妈。"他竟有些不好意思。

我是哥哥，你是妹妹

连日的高温天气。这个周日，我们待在家里避暑。笛笛在榻榻米上搭积木。打扫了一番之后，我也冲了进去，沏一壶茶，坐下来看书。

笛笛不甘寂寞，拿来小山造型的积木，放到我的小茶几上，说是送给妈妈的礼物。我谢了他之后，他突然提出要改进，又拿回去了。

没一会儿他又过来，换了不同的造型。一会儿又说还是不好，我再给你改一改。如此数次之后，我装作没好气地说："妈妈看书呢，你想好了一次性搭好再送来，不好吗？"

他一愣，索性在另一个蒲团上坐下："妈妈，你还是给我出十道算术题吧。"

原来是见人读书心痒。我笑了："去吧，拿纸笔和算盘来。"他迅速地冲出去，飞快地赶回来，仿佛一耽搁我就会变卦。

十道题在我眼前很快做完，我的精神已经被他吸引，书被推到了一边。他把纸笔拿出房间，端来一盘葡萄。两人吃着吃着，一块儿玩耍起来。

他表现殷勤，很有服务精神。我说你这样倒像个会照顾人的大哥哥，不想此话一出，笛笛便更加勤快："我是哥哥，那你就是妹妹了。""好吧，我做妹妹。"我说。

于是，我们真的扮起哥哥和妹妹来。

我是四岁的妹妹，他是六岁的哥哥。哥哥要照顾妹妹，于是我享受到前所未有的优待。

口渴了，哥哥立即说："我去端水来给你喝。"

末了还问："妹妹，要不要喝牛奶？"我得意而挑剔地说："不要喝奶，就想吃葡萄。"

他抓了个葡萄送到我嘴里，我说真好吃，他便开心地在榻榻米上打滚儿。

爸爸做好盖浇饭了，我们一起到餐桌上。他对着午饭又想说饭多了，我赶紧说："哥哥，爸爸做的饭真好吃，对吧？"

他立即改了态度，说："是的妹妹，很好吃呢。"

我一口接一口地吃："妹妹要学哥哥吃饭，大口大口的。哥哥是好榜样。"

被高帽儿一戴，笛笛特别鼓舞："妹妹，哥哥能把一盘全吃完。"

爸爸在一边看着，听着，堆起一脸的惊诧。

下午是看电视时间。哥哥主动问："妹妹，你要看什么电视？"天哪，为了照顾妹妹，他居然愿意放弃看电视版《我的世界》！我在头脑中极速搜索，到底看什么呢？最后说："那我们看白雪公主吧，哥哥。"

哥哥用心地搜索着，终于找到一个版本，动画加讲解的，果真适合三四岁的娃娃看。他一直耐心地陪着，看完又问要看什么，我支支吾吾说不出所以然，他便自作主张，点播起《大灰狼和七只小羊》。

妹妹是个多变的角色。看完动画片，我说要去煮饭，便把频道交还给哥哥。

晚饭煮好，叫笛笛吃。这时他已经回到儿子的角色，变得充耳不闻了。喊了几遍，他仍然迷恋在《我的世界》里，完全没有反应。

电视终究是极大的诱惑。我在榻榻米上发呆，默默坐了一会儿，突然发飙："哥哥，妹妹肚子饿了。"

"哦，那哥哥给你拿零食。"他腾地跳起来。

见他殷切，我恃宠而骄，干脆蛮横："不，妹妹不吃零食，要吃饭，饭！"

"好的，好的，哥哥把电视暂停，带妹妹去吃饭。"说完人已经过来，拉起我往外走。

笛笛是出色的哥哥，为了给妹妹做一个好榜样，把晚饭也吃得生龙活虎。

你的教养到哪里去了

吃过晚饭，我们便下楼去玩耍。

近来，小区的中心公园不像原先那般热闹了。不知是天气炎热的原因，还是孩子们发现电视、手机比奔跑更好玩儿，那几个年龄略大的孩子，纷纷都不下楼了。

上次我们下楼就遭了冷遇。男孩儿们凑在一起玩手机，笛笛挤过去看了一会儿便退了回来，很是索然无味。

当我们快到楼底时，提着步枪的笛笛为我恢复身份："我们一会儿到公园，你就做回妈妈。"

公园里除了大人看护着的小娃娃，只有一个差不多大的男孩儿，他手里也提着枪，一杆水枪。笛笛冲过去，几个眼神来回，两人便交换了武器。

笛笛用水枪对着天空射了几通水，男孩儿提着步枪对着虚空嗒嗒嗒扫射了一番，他们突然同时向两边跑出，捉起迷藏来。我和男孩儿的奶奶有一句没一句地搭腔。

那边忽然传来不甚愉快的对话，听起来是笛笛触犯了对方，男孩儿生气了。

笛笛满脸不悦地跑回来，拉着我便要离开。我问他："不小心碰到弟弟了吗，和弟弟说对不起了没？"

"我才不要说对不起。"他小声嘀咕。

这时男孩儿过来了："你说声对不起，我就说没关系。"

"我才不说对不起。"笛笛对他叫道，然后拉着我便要走。我踟蹰："那也要说声再见吧？"

"不，我们走。"他的犟脾气上来了。

"你不说再见，下次我就不和你玩儿了。你说再见。"男孩儿有一种咄咄逼人的礼貌观。

笛笛强拉着我离开。因为不明真相，我不便再说什么，心里却开始检索——笛笛为自己做过的错事真诚地道歉过吗？记忆里找到的，是被我们批评之后不得不为之的几次。

一年多来，除了上幼儿园的时间，我们都陪着他，照顾着他的一切，仍然有如此重大的纰漏。内心不由得咯噔一下，没有比这更严重的顾此失彼了。我在手机备忘录添上一条："要勇于承认错误。"

一起去小超市买小葱，他饶有兴致地在文具组徘徊了一阵，跑来告诉我："妈妈，给我买草稿本。"

"草稿本？妈妈刚才收拾家务的时候，看见你的草稿本了。对了，你为什么不放进书包？"我想到哪儿问到哪儿。

哪知他忽然不高兴："反正你得给我买。"

"笛笛，好好说话。买本子是学习需要，不是脾气需要。"

"你不给我买，那以后你出的算术我就不做了。"他突然凑过来，压低嗓音说。他明白，这话不能叫别人听见。

我愣在那里，半天没说出话来。径直下楼，结账，走出超市。笛笛知道不妙，亦步亦趋地跟在身后。

到了家中，拉开他的抽屉，拿出那几本崭新的草稿本，看着他的眼睛："你看，你的草稿本是做什么用的？你需要，为什么全都扔在这里？"

"还有，你说话为什么这样放肆？谁给你那么横的胆子，你的教养、你对人最起码的尊重，到哪里去了？"

"父母是你最亲的人，你都要这样对待，你有点厚道吗？"

我平静而清晰地发射连珠炮，笛笛招架不住，泪水在眼眶里打转。看着他气势弱下去，我有些不忍，说出的话却不含糊："听着，不允许！必须改正！"说完径直上楼，不再理睬他。

"妈妈，我错了。我听妈妈的话。"当我准备关上房门的时候，笛笛扑上来，用身子挤开一条门缝，同时放声大哭。

"在家尊重父母，听父母教导，在外对人有礼貌、讲道理，你不知道吗？"我在门缝里，对着门缝外的他说道。

笛笛一时心急，满口应允："妈妈，我知道了，知道了。你别不理我。"

当他进浴室洗澡的时候，我在手机里记下"答应讲道理，不再没礼貌，不再放肆"字样。

家有小孩儿，生活总显得杂乱，工作和学习又分散了太多精力，把重要的事记下来原本是工作习惯，不知不觉推广到育儿当中了。

一个有教养的小主人

时隔将近一年，这回终于约了好友母女共进晚餐。

笛笛不喜欢在外吃饭。在幼儿园接了他上车，便给他做思想工作："笛笛，妈妈的好朋友来了，你是小主人，要帮妈妈招呼好客人哦。"

他刚刚说完让我扮回妈妈，没想到妈妈这么快就发话了。他很认真："什么好朋友？我认识吗？"

"认识，就是去年我们去看望过的阿姨，还有她家的小姐姐。"

"哦，我知道了。"他直立在我身后，并不坐下。这种状态下说的话可信度很高。

"她们都很关心你，问你最近好不好呢。我和她们说，你可好了，又优秀又有礼貌，还会照顾人。"

"妈妈，你说的是真话吗？"他把脸凑到我耳边问，显然不太确信。

我转头望他一眼，正与他的目光相接："当然是真话了。难道你不好、不优秀吗？"

"那妈妈，我告诉你，你就直接跟她们说，我很厉害的。现在很优秀，以后、以后的以后都一直优秀，读书最好，都能得第一。你就这样告诉她们。"他重复了一遍，表示自己不是随口说说。

"啊，我真的能这样说吗？"我不敢相信。

"能！你就这样说，我能做到。"笛笛罕见地坚决。

"好，说定了，以后妈妈就这样介绍儿子。"

娘儿俩双双被自己的话激励，情绪都异常地好。到了饭店，客人还没到，笛笛就先布起餐具来。他点了自己喜欢的菜式，把菜单交给我，要我接着点。

大家陆续到了。笛笛找服务员拿来饮料，为大家一一斟上。爸爸坐在那里，看到非同寻常的笛笛，一句话也说不上来。

阿姨直夸他能干。他立即告诉她："我幼儿园毕业，马上念小学了。"

这是大半年来，笛笛在外吃饭表现最棒的一次。礼貌，快乐，饭也吃得多，是一个有教养的小主人。

孩子的自尊超过我们的想象

傍晚到家，笛笛正打开书包要做作业。"今天好多作业，妈妈。"他展开本子的同时告诉我。我心里一悦，隐瞒作业这一坎儿我们算是过去了。

然而接下来的表现，却让我再次探知落差的幅度有多大。

老师这次出的题与往日不同，他感到困难，要我教他。不记得在哪儿读过这么一句——"说孩子是天使，你辅导一次作业试试！"我起了戒心，远远地做着家务，招呼他自己做。

他说不会，第一个题目是减 27 呢。我说我看着你做。于是远远地看着他拨算盘的手，当手犹豫时就提醒口诀，减完了，他看着我，我说减得没错他才写下答案。待我走近一看，呀，答案竟是错的！他不高兴了："你明明说对的，怎么又说错了？"

这真是生活给的巨大陷阱，任我怎么解释也没有用。

接下来是一连串地发脾气，给全家脸色看，任你怎么解释都不成。好不容易等他平静下来，我拉过他的手说："笛笛，知道吗，你不能这样……"他使劲儿甩开我的手，转身走了。

我陷入沉思。每天左右不离地陪着，努力而用心，为何还这样焦头烂额？

由于信奉顺其自然，珍惜天性，我们并不执着于所谓的章法。一直以来由着他，开心的时候没大没小，不开心时见招拆招，批评教育也仅限于就事论事，时刻不忘把做人的经验和道理传给他。

忐忑于他的聪明伶俐，欣慰于他的聪明伶俐，却忽略了他日益增长的个性和脾气。

我反思这一年多来的历程，觉得无论怎样，他一直在健康成长的轨道中。可一旦对他有所忽略、提出异议，他就即时陷入不满和不悦，与你来一场较量。

孩子的自尊，超过我们的想象。

禁止纯粹说教，减少无效言语

两天来，跟笛笛说话少了。一来避免没头没脑从天而降的风暴，二来想要好好总结一下，怎样相处才更管用。

上次作业时我不够专注，说话不够严谨，致使他大发雷霆。我想我需要减少无效言语。

话多不灵，话少果然掌握了主动权。笛笛几次主动靠近我，和我说话，我均处之以礼貌的淡定，不苟言笑，只说些无法再简的道理和话语。

我对他的愿望其实很简单，希望他说话有理有据，态度温和有礼貌，不以自己为中心，能接受合理的建议和安排。对于怎么相处，需要一再检视，我决定观察几天。

笛笛自有他的一套。每次吃完晚饭，只要爸爸上楼去工作，他便转身去看电视。只要一看电视，所有的忐忑、顾忌都烟消云散、不见踪影。沉醉于屏幕前，无须面对有要求、有想法的大人，自然是一件非常舒心、令人着迷的事。然而不面对大人，便少了交流，便在无形中消解了我们一直以来的努力。

看电视总有结束的时候。当爸爸让他关电视上楼洗澡睡觉时，他总是虎着一张小脸儿，一百个不愿意。后来过分了，难免挨爸爸一顿批评，与快乐相随的仍然是沮丧。

冷眼观察了两天，也就是隐忍了两天。今早出门前，我把电视遥控器收进了提包。在心里定下规矩，看起来像针对笛笛，其实却是纠正自己。

禁止纯粹说教，说有效言语，就事论事；语气要平和，哪怕他气焰嚣张；傍晚尽可能陪他下楼玩耍，为充沛的精力找出路；他睡觉前不再读自己的书，改成带他读书；表扬好的表现；不足之处默默记录，找恰当的时机渗透。

我要长恒牙了

早上，笛笛又吃蛋炒饭。忽然他停住，舌头在口腔里迟疑地游动。同时拿眼睛看着我，我注意到他的不妥，怔怔地盯着他。

他仍在琢磨，接着慢慢地嚼动，把那口饭咽下，用手去按门牙。"来，给妈妈看看。"我的手迫不及待伸了过去。

一颗小门牙松动了。看着他疑惑的样子，我笑了出来："恭喜宝贝，你长大了。"

"妈妈，是牙齿长大了吗？"他滴溜转着眼珠子，有点惊讶。

"是宝宝长大了，要换牙了。"长大的消息就是好消息，我甚至有点得意。

他疑惑地望着我，我安抚他："小乳牙掉了之后，长出的大牙齿叫恒牙，保护得好会陪你一辈子。"

我不禁仔细地打量他，像农民打量自己不菲的收成。

半年来，他个子明显拔高了，骨骼硬朗起来，身上的肉越来越结实。皮肤也一样，由吹弹可破变得逐渐皮实，脸形拉长，还多了些棱角，鼻梁也隆高了。头发摸起来再不似从前那般柔软。牙齿的间距拉大，一张嘴，那几个豁口越发醒目。

这些变化在不知不觉间发生。等你发觉，岁月这把雕刻刀已经把他从幼儿变成了小小少年。

你却只觉得他越来越顽皮，越来越生猛好斗，个性越来越倔强，并在他这些变化里摸爬滚打、焦头烂额，以致主人公的体质变化被完全忽略。

"恒牙！我要长恒牙了。"笛笛也得意起来。

傍晚他写完作业，我拿了小刀替他削铅笔，才发现笔芯是断的，只是没掉下来，他可真能忍受。我问他："笛笛，笔芯是断的，你不知道吗？"

"是吗？"他有点欲盖弥彰。

"笔芯看起来正常，但下笔写字它就会摇晃，是不是？就像你早上吃饭，一咬，就知道牙齿松动了。下次不要怕麻烦，早点叫妈妈帮你削。"我的联想总是信手拈来。

"妈妈说得没错。可是，牙齿松动了，不是一样能吃饭吗？"

"……"我的联想竟被他发挥到极致，令我无言以对。

靠头脑来与人较量

前几日调整了相处方案，那天回家便开始施行。

吃了晚饭，写好作业，我们一人一根冰棒就下了楼。半小时左右回到家，洗澡，洗去一身汗水，清爽干净地坐在榻榻米上。当他在《成语故事》里找出十个他认识的汉字后，我就按照约定给他读了十个成语故事。

笛笛非常兴奋，成语故事让他认识了更多的生字，知道了更多的典故。一个小时后，他心情愉悦地进入了梦乡。

连续三个晚上，我们都兴致勃勃。

今天，我们下楼去玩儿。难得的，有两个孩子在水边玩耍。男孩儿三年级，笛笛兴奋地与他们谈天，说着漫无边际的话题。没一会儿，他们就追逐起来，接着是对打。小女孩儿充当裁判，笛笛更英勇了，朝男孩儿扑上去，推搡、袭击，却显然不是对手。

他很不服气，勇敢地再次扑上去，那个男孩儿一看来者不善，一边应酬地与他对打，一边很有分寸地避让他，不得已时才出手把他轻轻地撂倒。如此五六个回合下来，笛笛眼看要恼羞成怒了，我跨上一步，举着手机跟他说，看，时间到了。笛笛很守信用，停止纠缠，跟着我往回走。

他异常沉默地走。当我低头看他的脸时，他才生闷气似的，喃喃地说："我打不过他，我打不过他……"

如此认真地沮丧，让人又好笑又心疼。当面不认输的他，心里跟明镜似的，我安慰他："他比你大三岁。要知道你这个年龄三岁的差距很大。你长大了不会弱的。"

他沉浸在自己深深的悲哀中："我打不过他，我打不过他……"

"你知道吗，将来有一天你会明白，文明社会是不需要靠体力来战胜谁的。我们要靠知识、智慧来赢，来获得我们想要的胜利。也就是说，靠自己的头脑来与人较量，而不是靠拳头。"

"可是我还是打不过他。"他一脸沮丧地抬头。

"只要你努力，你可以用智力来战胜他。"我一边说话，一边伸出

"一指禅"神勇地按下电梯开关。

他突然一笑："那妈妈能打得过别人吗？"

"啊，妈妈的体力打不过任何人。可是妈妈头脑还不错哦！"我得意地向他挑挑眉头。

"我知道了，妈妈。"他唰的一下闪进电梯，仿佛也有了某种"神力"。

在"斗争"中慢慢长大

笛笛天性机灵。

一直以来，只要想法与父母相悖，他就见招拆招，显得很是自如。如果有什么吃不了兜着走的，他决不兜着，张口就把责任推开："这都怪爸爸"或"怪本子不见了"。

如果遇着"天大"的事，他便察言观色，看"天气"刮"风"。子曰"巧言令色鲜矣仁"，笛笛倒不沾边，他只是作为一个孩童，为了方便而已。

以上种种，使笛笛显得挺会撒谎骗人。在无法满足或达不到目的时，就上演变脸、不高兴、不合作，甚至撒泼要赖，最后还可能迁怒。曾经多少次，因为撒谎我大动干戈，因为迁怒我揭竿而起，誓与"劣根"抗争到底。

最近，他逐渐平息了此起彼伏的各种"能力"。除了情绪的控制稍不给力，更多时候，他都试着在大人应允的范围内行事。他善良、热心，手脚也勤快，逐渐变得有礼貌，对学习也表露出兴趣来。这使我在窃喜之余，不禁思考他从前的表现。

那些枝节，应该是他随着年纪的增长，尝试与大人相处使用的手法。他潜意识里越有控制、主宰局势的愿望，就越表现得自我、较量，甚至抗争。

他在与爸妈不屈不挠的"斗争"中，慢慢磨合，走上"正途"——试着与我们讲道理，尝试和颜悦色地交谈，学着商量，实在不行也能忍耐。那些不着边际的小聪明渐渐少了，所谓的撒谎也好长时间没有出现。

当初手游的瘾头，也在漫漫时光中慢慢遗忘。

再反观成人圈，这些戏码仍然"喜闻乐见"。少数成年人没有完成"长大"这一伟业（算伟业吧，实现何其难），竟与我家六周岁的宝宝有得一拼。

在漫长的成长过程中，他们不仅没有嫌弃这些"能力"，还让它们得到强化和衍生，逐渐具足贪、嗔、痴。它们是他们在世为人的"保护伞"，事实上却把他们拖入意识的深渊，成为品德和修养的障碍。

笛笛作为幼小的儿童，正慢慢清楚自己如此将无法"理直气壮"地生存。他是在爸妈的陪伴下自然祛除这些劣根的。

那么某些成年人，其实只是外表长大的儿童。

不由得有些忐忑。笛笛祛除了这些"能力"后，还要在漫长的人生道路上，与具备这些品质的"大儿童"日夜抗衡，他会觉得挫败吗？他会埋怨爸妈收走他具备"攻击"和"防护"两大功能的"保护伞"吗？

愿天下孩子都健康成长，坦诚、阳光、富有正义。

赌气与和解

笛笛忽然又情绪不好。我好言相劝，却似火上浇油。

于是只好闭嘴，转身去阳台，收衣服。

他跟上来了。我走到哪儿他就走到哪儿，我不出声，他也不出声。

我关门，他就推门。

我再关，他再推。

我问："你不是不喜欢听妈妈说话吗，干吗跟着？"

他不出声。

我再关时，他猛地推开门。一把抱住我的大腿，把脸埋进我的腰里。

我低头看他。他只管一心一意地抱住，靠住。

无奈，捧起他的小脸儿。

他笑了。

我也跟着傻笑。

什么时候可以讨老婆

"妈妈，我什么时候可以讨老婆？"

"啊，讨老婆？等你长大吧。"

"妈妈，你说我讨个什么样的老婆比较好？"

"你啊，要娶一个很善良、很优秀，又很喜欢你的女孩子。"

"哦，那我明天看看班上哪个女孩儿漂亮。等她长大后，再看看她读书怎么样。"

"这多麻烦啊。不如等你们都长大了，你再选。"

"不用了吧，长大还要等很久。"

"你现在找了，也一样要等好久。"

"哦，那我就等到十三岁再找。"

"十三岁？不是说好三十岁吗？"

"不，我不等那么久。我要早点带回来给妈妈看……"

"……"

做错事的镜子

笛笛又生闷气了。

按照常规经验，我冷处理，不理他那碴儿。当我收拾停当才发现，立式穿衣镜已经挪了地方，歪歪斜斜的。

"笛笛，镜子不好好站着，居然乱动了。快来替妈妈批评批评它。"我用天真的口气呼唤他。

他纳闷地看着我，我求助地看着他。

他慢慢地走进房间，走到镜子跟前。

"看，它是一面镜子，却站得七歪八扭的。就像小朋友做了错事要改正，不能当没发生是不是？快帮妈妈教育它。"

他在镜子里看着我。我从镜子里看着他，说："镜子有镜子的职责，孩子有孩子该做的，如果做了不该做的事，是不是要改正呢？"

他还在镜子里看我。我不置可否地看着他，不再说话。

他伸手把镜子扶正，推回原位。

成长故事三则

每天陪着他，总觉得他还小，盼着他长大。岂知他成长起来速度惊人。2018 年 7 月 28 日，星期六，我们始终在一起。

一　吃辣椒

笛笛从小怕辣。

记得去年冬天的一天，我用夹过辣椒的筷子为他夹菜，不料将辣味送进了他的嘴巴。他立时蹦起来，大叫："辣！辣！辣！"原地蹦了几蹦之后，竟吐着舌头，绕着桌子跑起来，仿佛被辣味追赶，他落荒而逃。

从那以后，他对辣更惧怕了。

前不久的一天，他见我们吃得欢，说想尝一尝。因为那次的辣椒并不辣，才应允了他，他小心翼翼地吃着，如探险一般。

今天晚上，我又炒了盘辣椒。这种"龙椒"是较为辛辣的一种，我们几个大人津津有味地吃着。

笛笛又来了勇气，提出要吃辣椒。我们一怔，异口同声地说："这个很辣的，下次吧。"

然而没吓倒他。他说完"我能吃"，便自己动手，用勺子挑了一块。见我们都紧张地望着他，他才暂时把辣椒搁在饭上。

我们不由得松了一口气，告诉他："吃这种辣椒，需要做好心理准备，就是吃了不准哭、不准不高兴，更不准发脾气。"

"我才不会。"他斩钉截铁地回敬。

不一会儿，他快速而大口地吃饭。一看辣椒不见了，再一看，他的鼻尖儿已在冒汗，脸也绯红起来。

他没有发脾气，而是快速地把那碗饭吃下去了。

二　不高兴

吃完晚饭，我们便下楼玩儿。因为白天下了场雨，气温不似前两天那么炎热。水池边聚集了不少纳凉的大人小孩儿。

上次那位闹过摩擦的男孩儿也在，边上还有他年轻的母亲和他的小妹妹。想到上次男孩儿曾说"你不说再见，下次我就不和你玩儿了"的话语，我心里有些忐忑。然而笛笛径直走过去，两人直接对起话来，男孩儿看上他手里的陀螺，他则对男孩儿的小滑板感兴趣。

相逢一笑泯恩仇，还互换了玩具。

笛笛滑行了几个来回，男孩儿还没弄懂陀螺的玩法。没辙，笛笛只得停下耐心地教他："看，这样，陀螺装上去，一手捏紧把子，另一只手用力拉绳，再这样一放。"

男孩儿仍然不会，笛笛返身再教："你看我示范，照着这个样子。"显得好有耐心。见男孩儿领会，便又滑出去了。

我提醒他，滑车是有惯性的，注意保持平衡。他"嗯"地应了一声，呼的一下往左边冲去。

男孩儿欢呼起来："我会陀螺了，我会陀螺了。"

笛笛笑着回头看，一不留神失去平衡，跌坐在一摊水上。爬将起来，裤子已经湿透了半边。

他没有尽兴，爬起来要继续。我提醒他，裤子湿透了得回家换洗，别着凉了。闻言他便不高兴，如何解释都无济于事。与男孩儿一家告别，笛笛愤愤地往回走。

小孩儿的脸六月的天，开心了一整天的他，终于在这一刻失守。我失落地想着，径直在前面走，径直开电梯进去，径直进家门。

他寸步不离地跟进家，站到我跟前，抬头望着我。那眼神里居然有和解、有认错，怕不被原谅。

"到家了，你还是不开心？"我问他。

"不了妈妈，我们去洗澡。"他温顺地回答道。

后来他问我今天表现怎么样时，我竖起大拇指："你今天进步很大，不高兴的时间越来越短了，说明你学会控制情绪了。给你点赞！"

他高兴得要跳起来。

没有夸张，他生气的时间从一整天到小半天，到一两个小时，到今天的五分钟，进步确实很大。

三 妈妈喝水

笛笛爱喝水。

有时刚躺下，就发觉口渴，叫妈妈端水。有时夜半一觉醒来，也爸爸妈妈地叫唤着要水喝。冬天我们自然不便计较，备了温水在侧，随时叫随时应。更多的，睡前提醒他先喝一口。

入夏以来，气温居高不下。我们意识到这事可以自己解决了，于是提醒他，每天上床前记得喝一口，半夜如果想喝，茶几上有，自助服务。睡前他便经常记得喝水了。偶尔忘了，睡到一半渴醒，又不想起来，便冲爸爸妈妈撒娇。撒娇不果，便觉得自己失宠了，戚戚怨怨地不开心，这时再喝水，便像喝药一样。

当然，喝水之事常有，却不是每天。次日告诉他，你昨晚犯糊涂，又跟爸妈生气了呢，他先是吃惊，明白之后捂着嘴偷偷地笑。你白他一眼，他才说，我知道了。

凡事都有个过程，喝水也不例外，如此这般三到五次，他渐渐接受了自助服务的概念。

今晚笛笛先上床。睡得迷迷糊糊的，突然说妈妈喝水。我正在床边看书，随口就应道："好的，起来喝吧，水是倒好的。"

他迷迷瞪瞪地爬下床，摸到茶杯，拧开盖子，喂自己喝水。

"妈妈也口渴了。"见他喝得差不多，我不失时机地加了一句。

"妈妈喝水。"他迈近一步，把茶杯递给我。

咕咚咕咚喝了两口，递还给他，说谢谢。他应了一声不用谢，放下杯子，爬上床，一转身又睡着了。

自助服务升级到为人服务，他是在无意识状态下完成的。

家庭最伟大的事业

当国家彻底放开二孩政策，无数家庭投入二宝的生育计划中。我却因再婚而得到一个孩子，一个五岁的孩子，可以说比所有宝妈都幸运。

但是人心不足。

当习惯了这幸运的喜悦，平淡下来，冷静下来，开始为自己的进步打算。我是宝妈，但我不能不学习，我开始焦急，常常不自觉地催促他早早上床，好给自己腾出一段时间来看所谓的圣贤之书，那些满纸道德、理想、人文主义、浪漫情怀的书籍。

他在成长中。随着成长的过程，习性也在悄悄改变。他开始有自己的主张了，性情由乖巧到乖张，通过磨合慢慢得到节制。然而睡眠的时间却不再像去年那么长，八点钟上床他无论如何也睡不着了。

纳闷于他过剩的精力，甚至误会是捣乱的一种，于是不悦，于是压制。但是很快从他无辜的表情中反应过来，这是自己的问题——我竟然连陪伴的时间都不肯拿出来。那么我是贪婪而自私的，与我所鄙夷的人毫无二致。

假如下一代得不到好的陪伴和关照，所有的理想都是空中楼阁，虚无而荒唐。

人到中年，在一群自以为是的成年人中混久了，难免生出厌倦情绪。我们不时察觉到，少数成年人也停留在蒙昧的、原始的本初状态，自我、自私、矫饰，自说自话……人格上没有得到很好的提炼和教化。

家里这个乳臭未干的小子，却一直在蜕变中。你每天都能体会到他的成长，看着这些"缺点"张牙舞爪地冒出来，而后又慢慢平息和消失，使你觉得世界大有希望，我们的下一代大有希望。

下一代是我们的寄望所在，那么家庭最伟大的事业，莫过于陪好年幼的下一代了。

生活需要成本，物质世界需要不断推进，使我们无法从社会全身而退，不能全身心地投入陪伴孩子的事业当中。那么我们至少应该把"陪伴孩子"这个事业往前排一排，挤一挤。用他们的无邪来洗涤我们蒙尘的内心，让他们的纯真清洗我们混浊的血液。同时让他们领会我们的窘迫、无奈和彷徨，让他们看到我们的执着、坚韧和积极。

相处的功效是双向的。他们能让我们回到原处，以便审视自己的成长曲线，同时让他们透过我们的经验和教训，在更便利的物质基础上，绕过精神路途上的暗礁和陷阱，少些坎坷，多些鼓舞，更自由地去追寻生命的真相、更本真的自我，走到精神的更高处，看到不一样的风景。

人类不能永远在物质中打滚，蓬头垢面。

在通往精神世界的路途上，我们曾架桥铺石，那么我们于世界才更有意义，才不枉存在过。做无私的母亲，我还需要努力。

关于社会进步的讨论

最近笛笛有点神神叨叨的。

常常对着啥东西、啥场景就开始拼拼音。"妈妈，我会拼'茶杯'，chá bēi，我还会拼'风火轮'，fēng huǒ lún。"等等。家里触目所及，便有一吟，出门散步，遇着面包店，便"miàn bāo diàn（面包店）"，遇到宝妈推着小娃娃，便"shǒu tuī chē（手推车）"，像一位诗人，能七步一"诗"。

早上，去幼儿园的途中，他自顾自拼出"shí guāng dào liú（时光倒流）"，忽然问我："妈妈，时光能倒流吗？"

我说不能，这是每个人都会有的梦想，然而无法做到。

"如果不能倒流，以前的时间就没有了呀？"他吃惊地问。

"是的，这样你就明白了，为什么爸爸妈妈这么抓紧、这么努力。因为我们要珍惜时光，不让它白白流掉。"我说。

他"哦"地应了一声。一会儿，他又拼出"shè huì jìn bù（社会进步）"，问："妈妈，我们的社会还会再进步，对不对？"

我讶异于他今天的大思维，讶异于他关注吃、喝、玩以外的事情。于是赶紧收起散漫的态度，认真回答他："是的，社会会一直进步下去，只要人类不作践自己。"

"那，会进步成什么样子呢？"笛笛对新世界充满期待。

想到最近爆出的"疫苗"事件。它是败坏人心和发达技术相勾结的恶果，波及面之大，就有社会进步的大背景。于是回答他："我们的生活会越来越富裕，楼房越住越高，吃的用的会越来越高级。可是如果人心不好，这个社会会更加糟糕。你想啊，用先进的武器杀人，是不是更凶残？"

说起武器，笛笛很有"研究"，他立马来劲了："对啊妈妈，那个××导弹很厉害的。"

"对，越先进风险越大。坏人要是利用社会进步害人，大家是不是都要倒霉？所以要人心和技术一起进步才行。就是说，最好的进步是我们思想境界的进步。"

"妈妈，坏人会让社会变得很可怕吗？"他的认识非好即坏。

"坏人让社会的某些方面变得很可怕，但是大多数人正直、善良，他们会让社会变得更美好。"

"那我要告诉妈妈，我长大了做好人，决不做坏人。"

"好，我们说定了。"

蜕皮和起茧

我做了一个噩梦：一个女扮男装的歹人，窜进我们的家，企图抢走笛笛。等到我们抓住她，她的真面目才暴露出来，满脸戾气，十分凶悍。

一下子惊醒过来。

笛笛安稳地睡在大床上，被子裹得严严实实。拉开他大大的被子，紧挨着他睡下去，听着他均匀的呼吸，才安下心来。

早上吃饭，笛笛吃了一口，突然站起来，向厨房走去。他把手上的小勺子扔进水池，踮起脚尖，从筷架上抽了一把大勺子回来，痛快地给自己喂了一大口饭。

前几日，他就叫我给他用大勺子。积习难改，今天仍然给他拿了小的。只是他不再说话，自己去换，而且够着了那么高的筷筒。

变化真是无处不在。

我跟他爸爸说："看，人家自己能拿了。"

不料他自己接话了："我早就能拿了。"

"是吗？你竟然不告诉妈妈，每次都让妈妈替你拿！"我故意找碴儿。

他咯咯地笑起来，送一口进嘴："可是我的手没有蜕皮。"

"什么，蜕皮？"我不相信自己的耳朵，谁说过长大一定要蜕皮吗，像蛇或蝉？

"我一个同学都蜕了，手上。"他认真地说。显然他想以同样的方式"长大"。

"嗯，我猜啊，你的同学经常帮妈妈做家务，手起了老茧，才慢慢蜕皮的。"说这话的时候，我承认，有点居心叵测。

"老茧？什么是老茧？"他好奇起来。

妈妈手上这块厚一点的就是老茧，拿拖把做家务形成的；爸爸手指上隆起的地方，是握笔形成的。我们一一指给他看，他高兴了，把手掌摊开，指着手心一块皮肤说："我知道了，我也有。"

按着他嫩嫩的手心，不由得笑起来，调侃他："你做得最多的事是看电视，要说起茧，应该是眼睛吧。哈哈，手怎么会起老茧呢？"

哪知他笑得更厉害，说道："妈妈真笨。看电视，手要拿遥控器的。"

听妈妈的话

超市的淘气堡重新装修好一阵子了。上个周末，突然想起这碴儿，我们俩便风风火火地赶去。英伦风的"城堡"加上投影的动漫，果然耳目一新。笛笛玩得过瘾，喜爱程度赛过了看电视。

这天晚饭时，爸爸和姐姐提议全家一起去看电影。笛笛强烈反对，把头摇得像拨浪鼓。我们很吃惊，早在去年我们就发现，如果电视是他的"命"，电影就是除手机外第二个能让他不要"命"的，于是忙问他为什么。

"我就想去淘气堡玩儿。"他完全不能商量。原来是换了一个新"命"。

"最近有好电影啊。淘气堡每天都在，新电影过了这阵子就不放了。"姐姐努力地晓之以理。爸爸则对他动之以情，说全家好久没有一起看电影了。

"不行！电影不好看，我不喜欢。"每个字都斩钉截铁。

一家人总得有个集体行动，我看着他："如果妈妈也想看呢？"

他"啊"了一声，显得很意外也很"跌落"，顿了顿，随即一百八十度大转弯："那，听妈妈的，我们就去看电影吧。"

忽然觉得自己有几分薄面。

仔细想想，笛笛对妈妈的好，不是从这一天开始的。

比如早上若有时间，他会主动替我铺床，帮忙收拾房间。

昨晚读成语故事，他趁我不备，找出好多个生字来，按规则，我得照数读多少个故事。我撒娇说："太多了吧，妈妈困了。"他看着我半晌，最后做出了让步："那，那要么给你减掉一个？"

要吃饭了。正在做作业的笛笛突然要吃脆薯片。姐姐提醒他，别吃，一会儿吃饭了。他立马不高兴，板着脸气呼呼地说，姐姐不让弟弟吃零食。

我一看那架势，似乎又有一场剑拔弩张。"笛笛，这款零食是妈妈为自己选的不是吗？妈妈最爱的零食，让妈妈自己吃吧？"说完我委屈地望着他。

他"呀"的一声，看着它发愣，想想确有不妥。可是薯片诱惑太大了，他换了商量的语气："妈妈，我的零食都吃完了。那，那，妈妈吃，我只吃两片可以吗？就两片，妈妈……"

两片不至于影响吃晚饭，我们达成合意，打开包装，递两片过去，他就很快活了。

姐姐在一边看我们一唱一和，直翻白眼。

不知道是出于义气，还是出于对妈妈的体谅，总之，他不再是那个说一不二难应付的男孩儿了。

谢谢你，我的男子汉

笛笛慢条斯理地吃着早饭。

我忍不住打预防针："快点儿吃哈，妈妈一会儿吃好还要上楼晾衣服。你一个人在楼下吃饭又要害怕了。"

爸爸每晚工作到深夜，此时还在休养生息。连续几个早晨都是我俩吃早饭，然而他最近尤其怕"鬼"，不敢独处。

每个小孩儿都有疑神疑鬼的阶段。我小时候、女儿小时候都不例外，于是很清楚他独处时的忐忑。前几天，在早晨这样宝贵的时光里，我心急火燎、假装平静地等他，等到实在不能再等，再冲上楼去，他扒一大口进嘴后，再不管碗里的饭，也箭一样冲上楼去。

于是今天我提醒他。他加大咀嚼的力度，小嘴巴吧嗒吧嗒的。

"早上时间紧。"我接着说，"洗衣机里的衣服，一个人晾动作慢，要是有人帮忙就不一样了。"

"妈妈我帮你。"他不假思索。

"呀，太好了，那样妈妈就不怕上班迟到了。谢谢你宝贝。"说完继续埋头吃饭。

想到昨天傍晚下楼玩耍的情景，突然对他生出很大的信心。小区公园里，大孩子仍然不见踪影，只有上次遇到的小朋友。彼此很熟了，一见面就交换了玩具枪。玩儿的时候互相发生了碰撞，小朋友又不饶："你碰到我了。"笛笛立刻道歉："对不起。"完全没有掀起紧张的气氛。

与咄咄逼人的小朋友相处，他已经能淡定地包容了。

我很快吃好了。他把最后一口扒进嘴："妈妈，我也吃好了。"说完站起来就往楼上冲去。回头见我望着他发愣，他叫道："妈，快来晾衣服。"

"哦，好的。"不知怎的，仍然感到意外。

按照我的传授，笛笛蹲在滚筒式洗衣机前，一件一件往外掏衣物，递给我晾。对缠得紧的，就使劲抖一抖，抖不散就耐心地解开。我晾好一件，他就能递上另一件，配合得天衣无缝。

衣服很快晾好了。我望着他："谢谢你，我的男子汉。"

他竟有些腼腆。显然，他对自己的能干还不习惯。

母子"陪睡辩论赛"

吃完晚饭，写好作业，天色已经暗下来，小区里华灯初上。笛笛要照例下楼玩儿，我们告诉他，今天太晚了。

他的情绪受到影响，不甚开心地上楼。我一看那状态，既不便于读成语，也不便于读他那本宝贝的"飞机"画册。便在他爸爸的画案边坐下，铺纸，蘸墨，开始练习书法。

笛笛坐在茶台边，一声不吭。

爸爸有事出去了，画室里只剩下我们俩。他默默坐了一会儿，走过来，看我写字。

我望着他。他看着我，说："妈妈，我也要写字。"

"好的。"我应了一声，抽出一张练习纸交给他。他提着纸跑到对面爸爸的位置上，提起爸爸的画笔，果断地行起笔来。

想到前两晚他撒娇要我陪他睡觉，我抬起头来："笛笛，我家的男孩子，我要和你谈谈。"

"啊，妈妈，你怎么这么凶？"他一怔，冒出这么一句。

"我不是凶，只是不笑而已。我们在谈话，难道不需要严肃一点吗？"

"严肃？为什么要严肃？"他一头雾水。

"因为我们要认真地谈谈。"

见我这少有的样子，他憋住笑："好吧妈妈，我们谈什么？"

"你看，妈妈每天上班都很忙，只有晚上能读书学习。你没睡觉的时间，妈妈都陪着你，对不对？要是睡觉还要妈妈陪，妈妈就完全没时间读书了。"

"妈妈为什么要读书？"

"妈妈不读书就不能进步呀，工作就做不好，学问也做不好。像笛笛一样，笛笛要进步，妈妈也要学习。"

"你就不能不读吗？"他换了央求的口气。

"不能。"我肯定地回答，"我要做笛笛棒棒的妈妈，就不能不读书。我是说，你安心地睡觉，就帮了妈妈大忙了。你这么仗义，会支持妈妈，对不对？"

"可我还是喜欢妈妈陪着睡觉……"他一副委屈的样子。

"妈妈陪着你的啊。只是你在大床睡觉，妈妈在小房间看书。两个房间是相通的，等于在陪着你，你完全不用害怕。"

他听到这里，眼珠子快速地转动，想要找到更好的理由。

"喂，别转眼睛了。妈妈知道你懂事，会支持妈妈的。就这样说定了。"

他定在那里，思索了一下，最后说："好吧，听妈妈的。"

行百里者半九十

吃早饭，他对最后几口再也没有耐心，放下勺子，准备起身。

我问他："要不要我给你讲个成语故事？"

他一喜，说："要啊。"

"你知道的成语都是四个字的，这个成语比较长，有七个字——行百里者半九十。"

"哦，这么怪，是什么意思呀？"

"你吃一口，我再继续说。"我特地顿上一顿，看着他扒一大口进嘴。

"是这样的，从前有三个人骑马到一个城市去，一共要走一百里路。有一个人马不停蹄地跑啊跑，在城门关闭之前到达，他进城去了。"

"那另外两个人呢？"他被吸引了。

"这两个人啊，有一个跑得也很快，但他在快到的地方休息了一会儿，城门关闭的时候，他只跑到九十里，没能进城。最后一个人只跑了五十里路。你说，最可惜的是谁？是不是跑了九十里的人，他的结局和跑五十里的人没有区别。是不是浪费了他的努力？"说完我望望那只碗，还剩最后两口。

笛笛听完故事，看着我，眼珠子滴溜溜地转。然后凑近饭碗，舀了一口进嘴。

"对了，碗里的饭就是最后那十里路，干掉它！"我鼓掌。

"嗯！"他应了一声，再次俯下头去，把最后一口干掉。

无法调和的战争

这几天笛笛突然让人头疼。

爸爸带全家去邻市的水上乐园，原本是一件让人激动的事，哪知从决定那刻起，笛笛就不停地念叨："我要去水上乐园，我要去水上乐园……"对一个夜晚的等待和漫长的路程忍无可忍。

玩耍结束，回头再看历时两天的出游，只有玩水的半天他是真正开心的，其他时间均烦躁不安，动辄发脾气，闹得大家不得安生。

对于大人来说，这是一种很好的修行。我们这样调侃自己。

男孩子都这么顽皮，我们这样安慰自己。

周日傍晚到家，为了恢复常态，吃过晚饭我们俩就下楼了。好让他把没有释放完的劲道，与小朋友一起消磨掉。

天色渐暗，约定的时间也到了，他却不想回家。我告诉他："天已经黑了，而且还要去买牛奶呢，明天再来玩儿。"

他立马甩脸："我不要买牛奶，我要玩儿。"

"别这样，有话好好说。再说牛奶是明早要喝的。"

"就不好好说！不让玩儿就回家，就回家！"

"我们不发脾气，一家人和和美美的。"

他越发蛮横："不要和和美美，不让玩儿就回家。"闻言我掉头往家走。他无奈地跟上，一边喋喋不休地发脾气："妈妈坏，不让我玩儿，妈妈坏……"直嚷得我头皮发麻、头脑发涨。

把他推进家门，我独自下楼买牛奶。正好借这个机会消消气，把这两天的经历梳理梳理，寻找天使变魔头的原因。

喜欢新鲜事物、喜欢玩耍，没错，这是孩子的天性。不能等待，不想被约束，不喜欢吃饭、睡觉和学习，因为这些耽误玩耍，没错，确实让人无法高兴。但吵闹的程度，正暴露了他的任性程度。

大多数日子他并不这样，可以说是乖巧可爱的。可见生活上的变化，除了激发灵感，还能激发短板，成为他变身的契机。是性情中固有的蛮横，还是对待陌生事物的捉襟见肘？我决定好好观察，无论如何要让他克制任性，回到有礼有节。

再到家时，他已经早早睡下，显得特别温顺。看来得罪妈妈后，他恢复了一些理性，听爸爸的话了。

周一的傍晚，我试着让他收收心。商量着说好久没做算术题了，今天做几道吧。他也做出一副和解的姿态，说："好。"

可是他紧接着却问："做好能看下电视吗？"

我如实地回答："我没法回答你，因为要看你表现的结果。"

他一想这不对，盘算着说："吃好晚饭要下楼散步，散完步洗澡，洗澡之后是讲故事，讲完故事睡觉。那么今天就不能看电视了。不，我不做算术，我要看电视！"如此迅速地给出答复，喜爱的环节一个不缺，你给的坚决不要，简直要使人气绝。

我强捺住性子："宝贝，晚饭刚开始烧，吃饭还有好一段时间。算术五分钟就能做完，按理是能看电视的，抓紧吧。"

"我不要做题。"他横下一条心来。

"态度这样啊，那你说要不要看电视呢？"

"那妈妈也不要看电视！不，那妈妈也不要看书！"他居然还以其人之道。

"我看书是为了学习，你也想想学习吧。"

"不，我不能看电视，你就不能看书！"

"哦，我不能看书，那我干什么？"

"妈妈不能看书，妈妈给我讲故事！"

原来在这儿等着我呢，我无奈地笑笑，告诫自己不能被他裹挟。于是上楼，不再搭理他。身后的他跟爸爸说要看电视，爸爸呵斥道："你这个态度还能看电视？"

再下楼时，他一个人闷在客厅的大沙发上，打滚儿，百无聊赖。

这一晚，没有电视，没有散步。我跟着爸爸练习书法，他在一边无言地皱眉。

洗完澡，他恢复平静了，像平时一样，说："妈妈，给我讲故事。"

"不行啊，你最近的态度不好，作为惩罚，停三天。"我决定摆明态度。

"啊，三天，三天……可我没事干了。"这回他换了无辜的表情。

"你搭积木吧，一边想想自己的表现，想想怎么待人处事。"

小卧室的榻榻米上，他无奈地玩着已经失去兴趣的积木，渐渐就全情投入了。我在边上看书，慢慢地心神飘移起来。

看着此刻平静的他，我又开始琢磨。

没错，因为出游，这几晚没有讲故事；因为妈妈要学习，晚上不能陪睡觉；因为算术，电视没看成。他的世界有太多的不满意了，于是他抗争，显得蛮横无理。

可是，马上要上小学的他，不需要一丁点儿学习的习惯吗？大人必须满足他任意一个要求，以他的意志为中心吗？

在交锋中成长

没两天，笛笛就让我刮目相看了。

爸爸有事，通知我去幼儿园接他。当他见到是我时，情绪有点低沉。没办法，谁让我得罪了他呢。

闷闷地上车，驶出一段路之后，他先发话了："妈妈，你的车子修好了？"

"对啊，今天刚修好。看，修好就开来接你了，开不开心？"惊喜他终于给了个台阶，赶紧拾级而下。

"开心。"他响亮地回答。

话匣子打开了，我们和好如初。

幼儿园筹备毕业典礼，已经把毕业感言发到了我的手机上。笛笛告诉我，他今天需要抄写一遍。不由得担心，这篇百余字的内容大多是生字，对笔画还没学的孩子来说，太挑战了。

他没想这么多，找出草稿本就写。说是抄写，其实是画画儿——依葫芦画瓢。看一眼画一笔，一个字一个字地琢磨。姐姐做好了晚餐，通知开饭了，他只说了句："你们先吃，我要写好。"

看他写得艰难，我说："写得真好，手都酸了。我们休息一下，吃了饭再写吧。"

"不，我要一次写完。不是说学习要认真吗！"他头也没抬。

姐姐也过来了，对用功的弟弟很是新奇："弟弟真棒，学习这么认真。"

我忍不住对她说："别看弟弟玩起来很疯，但是他能静下来，这个很难得。用好这个优点，将来肯定能成大器。"

笛笛一边写着，一边接话："我能的，我能把书读好的。"盯着手机观察了一会儿模拟对象，再次低下头去时，又说："前几天都耽误学习了。"

我和女儿吃惊地对视——原来所有的折腾都是进步的阶梯，他对利弊心知肚明！

毕业感言"写"了半个多小时，虽然歪歪扭扭、错误百出，但是有什么关系呢？这仍是他专注于功课时间最长的一次。他看着自己的作业，长长舒了一口气，转身坐到餐桌旁。饭已经凉了，他提醒妈妈给他加了热，然后大口大口地吃起来。

专注给了他成就感，让他像成人一样，不再为吃饭而纠结。

相比前几天的不着调，今天的靠谱更让我们意外。

饭后，笛笛还大度地陪着妈妈和姐姐逛了一趟街。

因为姐姐说，妈妈为了陪弟弟已经很久没陪她了，而且作为弟弟"每次都是我们陪你，你就不能陪我们一次吗"。他将心比心，放弃了去音乐广场的诉求，硬着头皮陪两个女生去逛小北街，一起喝奶茶，吃零食，买糕点和牛奶。

其间路过玩具店，他也克制住自己，没提半个字。洗完澡该睡觉了，没时间讲故事，他也没有半句怨言。

我看到了他成长的模样——专注、讲道理，同时做好了思想准备——他仍然会无数次与我们较量、抗争，然后和解、改变。

生活在曲折中前行，而他在交锋中成长。每交锋一次就有新的进步、新的改变。

好品质像捉迷藏的顽童，在其中时隐时现。

给自己的备忘录

笛笛昨晚的表现令我兴奋。当父子俩在梦乡中沉醉，我仍然没有睡意，琢磨笛笛的表现，总结经验教训。

第一，好的表现是在愉悦状态下才有的。情绪直接关系氛围，影响沟通的效果。要多给予鼓励和表扬，使他增长信心。

第二，他只对能完成的任务欣然接受，这是因为人共有的畏难情绪。当他有困难时，要给予体谅和帮助，让他体会到克服困难的愉悦。切忌动辄的责备和批评，它们首先消灭自信。

第三，折腾往往源于不满。大人要清楚不满的根源，表现实在无理时，冷处理是必要的。爸爸在背后的开导也起了关键作用，使他有了可靠的同盟，感觉情况不是很糟，并对同盟言听计从。

晚上上街之前，我们有个协商的过程。事先表明，达不成一致就不出门，既然答应出门了，就不准甩脸色耍脾气。他答应并努力做到了。

相反，去水上乐园是爸爸一时兴起拍板的，意在给他惊喜，没有商量的过程。没想到他缺乏克制和应变，太兴奋竟与太失落一样，结局都是上蹿下跳、不能自已。当你发现，对他有所要求和约束时，以他的角度看，你无异于找碴儿、压制，甚至想变卦，他当然要步步紧逼，不达目的誓不罢休。当邪性从魔瓶里放出来，就不容易收回去。

所以第四条备忘录是：一致行动前要征求他的意见，充分协商一致。商量是礼貌而尊重地谈条件，被尊重的人更讲自尊，事先答应过的，即使想反悔也只会浅尝辄止。

第五，对于顽童，再好的经验也有失效的时候，所以要有心理准备。还有，大人常常被他的情绪带进泥淖，不自觉地进入对峙状态，切记及时拔腿上岸，不做纠缠。

十年树木，百年树人

早上，我们又走那条环城公路。柏油路面还没铺设完工，两旁种植的树苗不胜夏日的热浪，一直是没精打采的。

昨晚的秋雨不够痛快，空气湿了，树木却没有缓过气来。

笛笛突然发问："妈妈，不是说下雨是灌溉树木吗，它们怎么还是没劲儿的样子？"

"是昨晚的雨太小，没能湿透泥土。"

哪知他很吃惊："妈妈，这些树木和花草是靠吃泥土长大的吗？原来泥土能吃啊？"

"有意思。它们不是吃泥土，是吸收泥土中的营养。"

"泥土能有什么营养？"他不解。

"泥土中营养可多了，各种矿物质，各种微量元素，当然，还有水分。"

"它们都很消瘦，是不是泥土的营养不够？"

"营养和水分都不够吧。这些树是移植到城市里来的，土地不够肥沃，人们应该给它们施肥、补充营养。另外呢，它们还需要阳光、空气和温度，这些是大自然给的。这就需要人类不去破坏自然环境了。"

"如果人类对它们不好，它们就不能长大吗？"

"就像人类吃不饱饭、营养不良一样，会生病、面黄肌瘦。所以我们要照顾好它们，也要照顾好自己。"

"人类可以决定它们的生存。如果把它们砍了，它们就活不了了，是吗？"

"砍了肯定活不了，所以人类要善待它们。"

"那人类如果不砍掉它们，是不是能活很久？"

"可以活很久，甚至比人活得更久。你见过几百年的大树吧？"

"见过。如果我、爸爸、妈妈和姐姐都长得胖胖的，就能像它们一样高大茂盛。"

"是这个道理，宝贝，我们不一定要胖，但要强壮、要健康，就像参天大树一样。另外，我们还要保护好心里那棵树，让它强壮。"

"心里也能种树？"

"能的，这棵树叫品德，叫素养，叫……它们也要健康成长才行。"意识到自己延伸得太宽泛，决定打住。

"那我就想不通了。"

"道理是一样的。不急，你慢慢会懂……"

还以其人之道

为事先谈判窃喜了没几天，我们亲爱的笛笛便能活学活用了。

原来你与他商量、交涉，他并不只是被动接招。"拆招"这本领已经潜移默化成为他新的技能。很简单，就是用与你相近的思维来应对你，提出他的需求，企图"收益"最大化。

周末在家，他难得地消停。当他开始百无聊赖时，我主动说道："去看一小时电视吧。"他立即开心，机灵地问："妈妈，你说我能看一个小时电视？"我说："是的。"他又问："妈妈你的意思是，可以再加一小时？"

我立即警觉："不！我说的是看一小时，不再加！"

他有点欣喜又有点失望，看电视去了。望着他的小背影，不由得沾沾自喜，与我说话也能抠字眼儿？

好好"谈"不管用。接下来几天，笛笛的方法突然"开挂"，他将"拆招"这项本领发扬得很强悍了。

我们讨论去超市和淘气堡。最合理的安排是妈妈和姐姐去超市采购，笛笛在淘气堡玩耍。笛笛开心得要跳起来。为了更开心，他说："妈妈，跟你说，人家的大人都进去陪小孩儿，妈妈也进去跟我一块儿玩儿。"

我一听直摇头："不行，大人进去是因为孩子太小。你已经这么大了，我就不能进去了，要遵守淘气堡的规定。"

"就要妈妈进去。那妈妈不进去，就不要去超市了。"他平静地说出这句话。

"去超市是生活所需，和去淘气堡是两回事。怎么能混为一谈呢？"

"我就是这么规定，妈妈不陪我，那就不要去超市了。"他戴着谈判的帽子，施行着专政，比起我这当妈的有过之而无不及。

"宝贝你看，家里哪一样东西不是买来的呢，如果不去采购，日子会怎么样？我们只是玩的事没谈妥，不能影响过日子对不对？"

"不行，妈妈不准去。"他坚决而冷静地说道。

爸爸知道会没完没了，扮演终结者："你别去，在家里！"

因为放假，看电视的时间明显增多。吃饭时，他仍然沉浸在动画情节里，坐在椅子上扭来晃去，找乐子或者找碴儿。"笛笛好好吃饭，大家都开吃了。"我提醒他。

"我吃不下，我就想看电视，我就想看电视……"

"宝贝你别念了，赶紧吃饭，吃好了身体才棒，才更健康……"我开始劝他。

"那妈妈也不能说话。"

"妈妈是跟你讲道理。"

"反正我不能说话，妈妈也不能说。"

"我，"我想说"我说话是为了让你好好吃饭"，转念一想，说："好的，笛笛说得对，吃饭不能说话，妈妈不说了。"说完我低下头去一口接一口地吃，真的不再说任何话。

"妈妈……"

"嗯，吃饭。"

"妈妈……"

不再搭理他。他愣了愣，低下头去吃饭。

盒子重要还是妈妈重要

早上，笛笛醒来没见到爸爸妈妈，立刻就不高兴了。我告诉他爸爸去接客人，妈妈在打扫卫生，也无济于事。

他阴沉着脸，慢吞吞地穿着衣服和裤子。我只好转身，下楼继续打扫。

他旋风般地冲了下来，没头没脑地质问："妈妈，你把我新乐高的盒子扔掉了？你怎么能扔我的东西！"

"我没扔。"我停下手中的活计，不解地望着他说。

"就是你扔掉了，还说没扔！"他一脸横劲儿。

"你要把情况弄清楚。你什么样的盒子，我并不知道呢！"我开始没有好气。

"就是昨天拿回来的那个积木盒子！"

"我没有碰它，你不要错怪我。"我申明。

"没有了，就是你扔掉的！"他蛮不讲理。

"你应该好好地说话，不要这么武断。"我仍然平静地说话。

"你扔掉就是不行！"他一脸的挑衅，执意要为醒来时的孤独找平衡。

我反问了一句："如果我没扔呢？"趁他愣神的工夫，我一把拉住他就往楼上走，边走边告诉他："如果错怪我，你要跟我道歉，必须跟我道歉！"

刚踏进画室，就看到那只新盒子躺在爸爸的书堆上。笛笛有点慌神。"来，你把这个盒子抱着，它是你的宝贝，是比妈妈还重要的宝贝。你注意保护好它，因为它比妈妈还重要。"我边说边把盒子递到他手里。

他气急败坏地把盒子扔掉。我把盒子捡起来，塞进他的怀中，牵他到穿衣镜前，在镜子里看着他。他一脸复杂的愤怒。

我缓了缓口气问他："现在，你仔细看看怀里的盒子和身边的妈妈，哪一个更重要？你为了它不惜冤枉妈妈，对妈妈这样蛮不讲理，值得吗？你是聪明孩子，仔细看一看。"

他非常不自在地从镜子里看着我，抽腿想要往后撤，我一把拉住他："你要想好，以后用怎么样的态度对待妈妈，用怎么样的态度对待别人。"

他的表情更不自然了，嘴里什么也没说，但内心已经垮塌。我转身，走了。

没过一会儿，他也下楼了，显得有些拘谨。一个人在客厅的茶几上搭积木。

当我叫他吃早饭时，他立即回答好的，并走了过来。

整个白天我们相处得平静安然。晚上，因为一件什么事情我嘱咐他，他第一反应是不耐烦，转身看见我，立即改了态度："好的，妈妈。"

显然他想到了什么。

攻克拼音的难关

上小学了，功课于他再也不是儿戏。

数学还好，语文显得有点吃力。因为识字量少，拼音字母也容易混淆。再次后悔没早些认识他，假如早些，认字便不会这样艰难。他姐姐很小就开始听大人读故事书，许多字是不知不觉中认识的。

这天不上学。一大早，他就把课本掏出来写作业，又把拼音字母按顺序背诵了数遍。我一边做着别的，一边默默留意。念整体认读音节时有点不自信，我建议他把这部分默写一遍，果然，好几个没写对。

我拿一张白纸让他抄写，然后告诉他："妈妈有个绝招，你想不想要？"

"要啊。"他有点惊喜。

"你把这张写着整体认读音节的纸，叠了放在口袋里，有空时拿出来看一遍。不需要多刻意，只要随意地看几眼就好。"我把自己的"绝招"传授给他。

"知道了。"他如获至宝地把纸条放进裤子口袋。

因为爸爸有事，我要加班，便将他托付给一位朋友。下了班我去接他，告辞出门，刚走到一楼，他突然惊讶地说："啊，忘记看纸条了。"

我说没关系，天色暗了，回家再看。

当车子驶进小区时，我听到身后发出展开纸张的声音——借着路灯，他在悄悄复习功课。下车时他已收好纸条，我假装什么也不知道。

吃过晚饭，笛笛到书桌上默写，整体认读音节全部都对。

拼音字母是抽象的，按着顺序读、背和默写，笛笛都没露出破绽。在按老师的要求检查语文作业时，发现他在一个拼音下写了一个错字，问他怎么回事，他老实巴交地回答："这个字母我不会，妈妈，它怎么读啊？"

一时气短，居然还有不会读的。我忍住急躁，告诉他："这是 t，d、t、n、l 中的 t。"

他是将拼音字母 d 和 t 弄混了。我跟他说："这样，今天迟了洗洗睡，记得入睡前在心里想着它们的样子默念几遍，明天早上醒来再默念几遍，就能增强印象。"

不一会儿，他躺在榻榻米上，盖好被子，嘴里念念有词。

第二天清晨，我被耳朵边上一个 bpmfdtnl 的小声音惊醒。定神一听，他果真在被窝儿里背诵拼音。

突然心生不忍，伸出手去抱住他："好了宝贝，读一会儿就行了，我们再睡会儿。"他才停住，和我逗乐子。

"混淆"这事儿，是儿童的死敌。如果硬拼，收效甚微不说，还会让人失去兴致。想要轻松学习、快乐学习，还得化整为零，利用小间隙，不耽误玩儿，不耽误吃、喝、睡。当白天问他时，他仍没记牢。

第二天的早晚，他又在被窝儿里主动背诵。前后大约三天，他把这个难关给攻克了。

一切景语皆情语

　　和笛笛逛庙会，因为爸妈决计不让他买玩具蛇，他老大不高兴，表情凝重，一路无话。

　　上车也不坐踏实，在后座上翻腾。

　　谁叫玩具蛇太逼真可怕呢！因压制成功而松了口气，又不免觉得亏欠了他，我于是想逗他开心："你不是最喜欢看风景吗？你看看窗外，大徽州的风光多美啊。"

　　他一直翻来倒去，听到我说话立即回敬："风景都叫雨打湿了，到处是水，怎么看！"

　　坐在车上看流动风景，一直是笛笛的爱好。我时常会奇怪，一个七岁的男孩儿怎能因钟情于风景，而忽略现实的吃、喝甚至玩乐？当心情愉悦又没他物牵绊时，他能沉静得叫你赞叹。

　　"雾气迷蒙的风景别有味道，你还是看看吧。"我没话找话。

　　"都湿湿的，看什么看！"

　　我不再说话。当一个人内心有所失落时，说出怎样不快的话语都在情理之中。

　　忽然联想到王国维说的，一切景语皆情语。

　　不说具体的事、不谈切实的感受，只把情绪表达得淋漓尽致，采借的事物信手拈来、顺其自然。这借景寓情的手法，出于我们妥妥的含蓄基因，日常生活中屡见不鲜，并不是文学表达独有的高招。不知王国维先生是否察觉？

笛笛竟无师自通，表达得如此强烈、克制，言简意赅，使对话戛然而止。

忽然想到，近两个月的阴雨天气招了多少嫌恶与谩骂。好多成年人的表达是那么浅白、絮叨，不及笛笛的水准。

有一点是相同的，人们在骂天气时，心情原本就很糟糕。

也许，当我们不开心的时候，身边的一切都会成为情绪的映照，或者成为更不开心的理由之一。

天气是"躺枪"率最高的。

其实多半是迁怒。因为含蓄，加上大多时候，人们顾不上表达的衔接性和艺术性，才显得消极、粗陋甚至喋喋不休，叫人摸不着头脑。

还是笛笛一句"都湿湿的"，让我准确无误地明白他。

我要离家出走

一

大年初二，我们按徽州的风俗，回娘家拜年。

笛笛很难得地与表哥表姐们一起玩耍。刚开始，他显得有礼有节，倒能融洽和谐。时间长了，他失去自我约束，要动用锋利的刀片和哥哥试验用的电脑，大孩子们无法满足他，又不懂安抚的窍门，于是"开罪"了他。

他在盛怒之下，打开外婆家的大门，径直走下楼去。

我们常说，过了年笛笛就长大一岁，七周岁了。没想到先成长出来的竟是"出走"的勇气。

当然不能让他"出走"成功。我尾随在后，他转悠到哪儿我就散步到哪儿，出走所辐射的范围，是外婆家楼下那条主路的第二个拐弯以内。见甩不脱我，又着实觉得无趣，他才慢悠悠地转回外婆家。

由此肇端，他不高兴时便说："我不如离家出走。"

说了几次之后，爸爸由惊诧转为调侃："好啊，你准备什么时候出走？"

"我这就走，我真的走了。"岂知他顺杆儿爬，试探起爸爸来。他假装下楼，望望身后没有追兵，又返回："爸爸，我走了，就没人照顾你、没人给你捶背了，你要照顾好自己。"

"啊，这可怎么办？没人照顾我、没人给我捶背了啊！"爸爸做出一副如梦初醒的样子。

笛笛有点得意，再次返身，做出又要下楼的样子："我这次真的离家出走了。"

"不行啊，你不能走……"爸爸配合得很到位。笛笛得意地笑着，回到我身边的位置上。

二

他坐下，要和我比赛搭积木。

我放下书本，跟他讨价还价："好久没讲故事了，我们先讲故事吧。这样，你给我讲一个，我再给你讲。"

"不，还是妈妈先讲，我最后讲。"他也讨价还价。

"好吧，谁让我是妈妈呢。我有一个故事，你一定感兴趣。"

"啊，什么故事？快点讲！"他果然迫不及待。

"一个离家出走的故事。说啊，一个小孩子离家出走。"他露出一脸的惊奇，眼睛闪亮。我继续："他漫无目的地走在大街上，东张西望，被坏人盯上了。坏人是个漂亮的阿姨，装出一副很关心他的样子，问他怎么一个人，要不要帮忙。他怕遇上坏人，说不用了。阿姨问他，要不要帮忙找警察叔叔时，他有点犹豫。"

这时笛笛打断我："不能让她帮忙！"

"难道不要找警察了吗？他太小了，不知道去哪里找警察。"

"那就随便走走，反正不能让她帮忙，不能跟她走。"笛笛果断地说道，仿佛感同身受。

"是的，那个孩子不理阿姨，朝一个方向走去。阿姨跟着他，告诉他是怕坏人把他拐走，不放心才跟着他的。总之他没办法摆脱她。走着走着，来到一个郊区，四处没人，天也黑了。孩子很害怕，这时阿姨说她有事要走了。"

"那太好了，让阿姨走吧。"笛笛松了一口气。

"如果是你，天都黑了，只有阿姨在身边，你会让她走吗？你难道不怕天黑吗？"

"啊，我怕！"他想起什么。

"你怕，你会让阿姨走掉吗？"我紧追不舍。

"不，我不让她走。"他果断地说。

"是的，那个孩子见她要走，又留不住她，听她说可以带他去找警察，就跟她走了。"

"哦，这下好了，可以找警察了。"笛笛又松了一口气。

"哪里啊，你忘了吗？那个阿姨是坏人装的。他跟着阿姨上了一辆车，被拐卖到很远的地方，从此谁也找不到他了。"

"啊！还是被骗了啊？！"他睁大了眼睛。

"你看，你想到的那个孩子也想到了，但他仍然落入了坏人的魔掌。离家出走好玩吗？换成你，你能躲得过去吗？"

"呜呜……太可怕了，太可怕了！"他假哭。

笛笛机灵，见我说完了故事，借口喝水，一溜烟下楼去了。

他爸爸看着我笑。

"别急，是系列剧。我一集一集慢慢跟他说。"我冲他做个鬼脸，"说到他不敢'离家出走'为止。"

母子睡前故事

晚上，笛笛又问妈妈："今天讲睡前故事吗？"

"讲啊。"

"太好了，今天又有睡前故事听了。"他乐得鼓掌。

"今天我们换个方式，一个人讲一个，你看怎么样？"

"好的，我讲《西游记》，妈妈讲《十万个为什么》。"他眼珠滴溜溜一转，给出了具体的方案。

他把要读的书找出来，放在床头柜上。洗完澡我们就快速上床，坐定。这套小小的《西游记》画册，还是姐姐小时候的读物，彩色绘本，一册一个小故事，一页一个场景和一句带拼音的文字。他取过其中的一本，就着拼音字母艰难地读给我听。我在心中窃喜，这个小毛孩儿终于展示新本领了。

磕磕绊绊读了两页，他抬起头来："妈妈，我已经给你读了两页，你也要给我读两篇哦。"

原来在这儿打着埋伏呢！我计算了一下，巴掌大的《西游记》一页一句话，一本就十来页，而我的《十万个为什么》每页一个知识点，通篇都是密密的文字。我不能同意："你的一页一句，一个故事讲下来还不及我那半页的字数。不行，你至少要讲完这个故事。"

"妈妈，你每次都是按页读的啊。"

"能一样吗？我读一页能说完一个故事，你这一页能算一个故事吗？"

他无奈，继续读下去。拼读实在耗时间也费力气，他又读了两页，抬头说："妈妈，我已经给你读了这么多了。可以了吧？"

"妈妈以前还给你读了那么多呢。"我使出小性子。

笛笛转了转眼珠儿，顿了一会儿，低下头继续读。当他把一个故事读完的时候，长长地舒了一口气，说："哈哈，妈妈，轮到你了！"

妈妈快乐地拿起那本厚厚的书交给他挑选。只见他兴奋地翻着，寻找他最想听的那个故事，显然特别珍惜这个机会。

住在妈妈的肚子里

笛笛在这个假期，逐渐有些人来疯，还有些张扬跋扈、以自己为中心。前天晚上，当他问爸爸妈妈怎么睡觉时，两个大人都没有接话。

在大床上翻来覆去睡不着，我进卧室时他还在动弹。"翻过来，翻过去，哎，就是睡不着。"我随口用他课文上的句子自言自语。他立即接口："翻过来，翻过去……"还配合翻身的动作，把那篇《明天要远足》的课文完整地念了一遍。

当我再进卧室时，他仍然念念有词。

我径直睡在了隔壁的榻榻米上。他立即跳下床跑过来，钻进了我的被窝儿。

昨天白天，他跟我置气。我就调侃他："喂，昨晚谁钻进了我的被窝儿？"

他一听就咯咯咯地狂笑起来。

昨晚，笛笛又不肯好好睡觉。我上床坐定，用被子盖住腿，准备给他讲睡前故事。

他得意极了，团起身子，在我腿上的被窝儿里拱来拱去。

忽然想到女儿幼时的一个故事。有一次她问我，她极小的时候住在哪里，我说住在妈妈的肚子里。她闻言就得意而夸张地大笑起来："原来我小时候，抱一个小被子拿一个小枕头到妈妈肚子里去睡觉啊。"惹得众人捧腹不止。

我拍拍笛笛的脊背问道："喂，你猜被窝儿拱起来的样子像什么？"

他一脸得意地掀开被子"哇"了一声，夸张地叫道："像妈妈的肚子！哈哈哈哈！"

呵护他的无邪和稚嫩

笛笛聪明、机灵，有时捣乱，有时蛮横。与他共同生活的两年，看起来花费了不少神气和精力，生活也似乎鸡飞狗跳、一团乱麻，一些故事不断重复，一些斗争不断升级，其实放在两年真实的生活中，它们并不像读来这般令人乏味，情形也并不无聊和糟糕。

相反，这些细节是生活的精华，是感动与欣喜交织的美丽画卷，是岁月给予的回报和馈赠。我享受它、热爱它，一如享受"母亲"这个身份、热爱笛笛的无邪。我是最幸福的母亲。

他喜欢你、腻歪你，是对你最诚挚的回应。作为父母，父性和母性是天生具足的，与世上任何男女没有分别。当你给他的爱未因血缘而不同，他也与你一样无私、真诚、没有分别心。

所以，无论你是父亲还是母亲，都请呵护他的无邪和稚嫩。用最真诚的心去陪伴，用最温柔的心去呵护，珍惜相处的每时每刻，收藏成长的点点滴滴。

这个没轻没重、总是捣乱的小不点儿，还是你磨炼意志的学校。经过他的反复锤炼，你学会了与他相处。从他这里"毕业"，你便可以从容行走江湖而心胸宽阔了。

为了逃避作业，抵抗那些提前介入的学习任务，笛笛不惜耍"宝"，一哭二闹三暴怒。当他掌握了功课，便不再抵触了。从他身上，我看到许多成年人在面对压力、责任和过失时仍在沿用的手段——推脱、隐瞒和抵赖，可见他们有多不长进。

当你不屈不挠用尽办法终于将自己的主张坚持下去，而没有动用强制和粗暴时，你便拥有了金刚不坏的毅力、解决难题的钥匙，人为的困局再也难不倒你。当你遭遇不着调的成年人，你洞明真相，跟自己说："他不懂事、他不懂事……"而能一笑置之。

他和你谈判，与你论短长，你会想，假如他不以看电视为目的，他就长大了；假如他再也不谈条件，他的境界就长大了。如此你在俗务中欲与人谈条件，就会反省自己是否有格局和境界。

孩子在我们的陪伴之下，迅速成长为我们期望的样子。你发现他越来越乐观、积极，越发彰显纯正的品质，心中满是欢喜。当你内省也许会暗自羞愧——我们的品质还纯正吗？他们对待人群没有分别心，对事物那么正直和热情。我们呢？早已圆滑世故、情感坚硬，使心性蒙尘。

最纯真的托付

这天来了一位伯伯。吃饭时，伯伯调侃笛笛："妈妈把你写进文章里嘞，写到她的书里去嘞，你知道吗？"

"啊，把我写进书了？那全世界的人都知道我啦？"冷静的笛笛突然睁大眼睛，惊叹地问。

我趁机问他："把你写进书好不好？"

"好啊，好啊。"他忙不迭，仿佛正合他的心意。

"全世界都知道你，好不好？"我还不放心。

"好。"他响亮地答了一句，低下头接着吃他的红烧肉。

吃红烧肉是他近日最大的改变。而愿意被我写进书，于我而言，是我这段人生获得的最大授权，与他突然一百八十度拐弯提出要吃红烧肉一样，给了我莫大的惊喜和鼓舞。

尽管童言不具法律效力，却是他最无邪的信任、最纯真的托付，给了我出版这部书的信心和期待。

安全问题不可掉以轻心

傍晚下楼玩耍。不知道为什么，小区里的小朋友好像约好了一样，中心公园的水池边空荡荡的，让笛笛找不到玩伴。

"他们都去哪儿了？"笛笛扛着那杆长长的步枪喃喃自语，显得寥落极了。

他百无聊赖地蹲着看鱼，一会儿拿枪瞄准，一会儿又放下。我建议出去走走，他说不，便不再说话。

他突然起身，迈出一步的同时被台阶绊倒了。然后立即站起来，眼睛本能地望着我，显得很不好意思又很无奈的样子。

我见他动作缓慢且不自在，便叫他检查："看看哪里磕着了？哟，胳膊肘这儿蹭破了皮，很疼吧？"

"有一点儿疼。"

"还有哪里疼？"

"还有脚这里，有一点儿疼。看，就是这里。"他撸起一只裤管，指了指小腿的前中间部位。

没看出有什么异样，但是他说："可能会紫吧？"

"噢，看不出来，也许等下会紫出来。"我被他带进经验的沟里，又问他："还有哪里疼？"

"没有了。"他肯定地回答。

"没有吗，还有哪里疼？"我不放心，再三地问，他仍然说没有。最后我又重复了一遍，眼睛直直地望着他。

他突然指向我，笑起来："你疼！"

"是的，妈妈疼。"我无奈地摇摇头，"妈妈想你任何时候都安全，不要受伤。"

晚上洗澡时才发现，腿上真正受伤的是膝盖，也蹭破了皮肤。他在水池边给我看伤口时，裤腿没有提到那个高度。

他提出要讲睡前故事，我决定给他一些差别化待遇，便说："今晚两个选择，要么你讲故事给妈妈听，要么直接睡觉。"

"那我讲故事给你听。"他想都没想。

"你要自己编一个故事，一个关于安全的故事。"

他心里有"鬼"，自然不再讨价还价，说编故事需要一点儿时间，旋即陷入思考状，一会儿就说："有了，'小熊和熊妈妈一起过马路。正是绿灯的时候，马路上好多车子，小熊仍然冲到了马路对面。熊妈妈过去后跟它说，这样过马路是不对的。'"

"好了？故事说明了什么？"

"它告诉我们要注意自己的安全，因为我们是爸爸妈妈的心头肉啊。"他说得有鼻子有眼，随后拿起那本早就挑好的恐龙画册，就着拼音给妈妈读了起来。

人生的终极慰藉

父亲临终前的夜晚，我在医院陪护。

被癌症折磨，父亲无法安宁。为了分散他的注意力，我打开手机。

"放《大江大河》吧……"父亲说。

电视上，宋运萍把上大学的机会让给了弟弟小辉。小辉在学校得知三中全会振奋人心的消息，写信鼓励姐姐复习，争取来年高考。运萍给小辉回信："……我在家一边复习，一边在找工作，做两手准备。等我找到工作，还能赚钱贴补你和家里……"

运萍的话没说完，父亲突然嘟囔了一句："我的孩子没吃过这种苦头。"

我怔怔地望着虚弱的父亲。我的被病魔驱赶到尽头的父亲，果真觉得给孩子平稳的生活是他最大的成就和安慰。

上个月住院时，因为病情的不可遏制，我问父亲，您担心吗？父亲说我不担心，虽然一辈子吃了不少苦头，到头看却算得上平衡；而且没让你们兄妹仨吃苦，没缺衣少食，读书升学也都顺利，我没有遗憾。

"在您那一代，这可是难得的、很大的成就了。"我当时由衷地感慨。

"是的，那个贫瘠的时代，没有揭不开锅、没让孩子们挨冻受饿，很不容易。"父亲甚为宽心。

听到父亲的喃喃自语，我不由得内心颤动。当年的他有一句自嘲——我是上班坐轿车，下班拉板车。那时父亲拿着微薄的薪水，不足以养活一大家子，早出前、晚归后都要干农活儿，种地插秧、担水施肥，像一头健壮的牛，又像一方连轴转的磨盘。随着年龄的增长，父亲退休，在社会角色上奉献与收获的一切，都湮灭成往事。他浓缩成了象征——我们心中的家和老去的父亲，安住于自己的小世界，与母亲简朴低碳地生活。"我的孩子没吃过这种苦头"——到了生命的尽头，只有对儿女的付出，换来了最终极的安慰。

当父亲离去，每每思及此景，不禁波澜翻涌。感受父亲如山的爱，感激命运给我这样的好父亲。父亲的正直和勤奋、父亲的坚韧和不屈、父亲对生命达观的取舍，都是我刻骨的榜样，是我生命自带的标尺。

那么将心比心，生活富足的我们，要怎样对待自己的下一代？

既然人生最终极的慰藉源自对儿女的付出，可见对家庭更多地投入，倾尽爱和汗水浇灌孩子，温柔地呵护与陪伴孩子，是多么有福报！这是一条最直接的路，一条使将来濒死的自己获得宽慰的途径。

我的陪伴并不完美

诚然，我的陪伴并不完美。只是在生活的自然状态中，与他一起吃饭、散步、玩耍、谈天说地，一起试错，一起犯傻。更多时候只是相互陪着，没有具体名目。

陪着陪着，他就长大了，成了一名小学生。他仍然喜欢我陪着，愿意我参与他的任何细节。

我的陪伴无所不在，却不是无所不能，其中有太多挣扎和徘徊、太多错误和纠缠。

我爱他，陪伴他、观察他，不辞辛劳地记录，写得如此琐碎冗长，不断评估和梳理，时常反省和修正，以判断是否还有漏网之"鱼"——那些偏激、执着与放纵。害怕自己过激的管教留下任何负面的烙印。

这些记录是审慎的见证，更是思索的过程。我在阅读前面的内容时，发现自己有时草木皆兵，有时捉襟见肘。我希望能做得更好，不辜负这一场相遇，因此不断思索如何陪伴。

对待孩子，我们的水准可以不高，但一定要真诚和无私。童年无小事，琐碎的生活细节极可能对他产生深远的影响，使他的价值观产生巨大的改变，因此支撑细节的大人的品质非常重要。这需要我们不断修行、不断修正，不论是待人处事，还是思维方式，抑或是道德和修养。

笛笛不断改变和长大。尽管有许多不如意、不满足，但他一定感受到了爱、正义和善良。但愿陪伴中的某些细节能沉入他生命的河底，忽然哪天奔涌而出，开成生命中最美的浪花。

陪伴是双向的。大人真心实意地陪着孩子，孩子也就万分诚挚地宝贝你、信任你、依赖你，与你分享他所有的快乐、愤怒和悲伤，与你分享他那些奇异的想象。

你不仅有无限的机会渗透你的观点和思想，而不是靠纯粹的说教，还能让他漫无边际的遐想得到倾听和尊重。如果你不失时机地表示惊叹和佩服，好奇地向他请教，他便会发挥更大更深的想象，将话题继续下去。小小脑袋一再被开启，才极有可能打开那座蕴藏激情和创造力的富矿，不是吗？

美中不足的，是迫于自身进步的需要，过去的两年，我们夫妇没能坚持带他运动。假使能做到，不仅能更有效地启用他旺盛的精力，还能将那些无聊的纠缠和拖沓变成一股积极健康的朝气。

对笛笛最抱歉的，是我真切地打过他，使他悲痛欲绝。原因是对他的弱势不够敏感，被所谓的"正义"蒙蔽，为一些表象恼怒，显得不够睿智和从容。

这两点作为反面教材和家长试误，敬请引以为戒。如果能让更多的家长不再重蹈覆辙，让更多的陪伴更加健康和亲密，也不失为一种价值。

孩子的成长从来不是一蹴而就的。许多故事会不断重演，太多状况会不断重复，这需要我们极具忍耐和慈悲。要知道，这是学龄前孩子真实该有的样子，我们不妨顺其自然，把所有的捣蛋、变脸和抗拒都当作这个阶段独有的风景去欣赏、去品味。

我很享受笛笛的捣蛋和反复。欣赏他的稚嫩、玩味他的言行，几乎成为我解决现实苦闷的法宝。我赶上了他最为精彩的两年。随着他的成长，思维得到训练、行为得到教化、经验不断增加，他对待事物的态度会慢慢成熟，性情也会慢慢稳定，用不了多久，这种鲜活、鲜明而富于变化的状态就不复找寻了。

这是弥足珍贵的两年，是他探究和揣摩人类、人间与事物的重要历程，是他从家庭出发逐步接触外界之前的准备期。他处在"闭关修炼"

"打怪升级"的过程中，而我们所做的，相当于那个合适等级的不偏不倚的陪练，至关重要，不可或缺。

许多家长因为工作和社交，没有足够的时间陪伴孩子，不由得为他们感到遗憾，想请他们竭尽所能地解放自己，回到孩子的身边，陪伴孩子一起成长。有些家长倒是抽时间陪伴了，却极少关心孩子的内心动态，一味要求他们乖巧、听话、别给自己找麻烦。一些"好大喜功"的家长，直接剥夺成长该有的过程，将名目繁多的教学课程急急切入，将孩子无忧无虑的童年过早掐断。

回归本质，才是我们应该做的。对孩子的成长，一点一滴地渗透远比劈头盖脸、不由分说地矫正来得更真实可靠。

某一天，为了鼓励笛笛心平气和地说话，我与他商量："看，脾气有什么用？妈妈曾经发脾气打过你，又怎样呢？妈妈为此向你道歉。妈妈想，我们从此好好说话，不再相互发脾气。"

"好！"笛笛回答得很响亮。

"说好了，我们互相监督，如果妈妈发脾气，就是妈妈在退步。如果你发脾气，是你在退步。还有哦，惹对方生气也是一种退步。"我说。

"妈妈说得对，我会遵守的。"

我们常常这样约定。当然，你不能期望说过之后就立即奏效。只要不急于求成，它会在不知不觉中变成现实。

孩子需要的是过程，我们需要的是足够的涵养。两者缺一不可。

你是孩子最好的玩伴

好的教育在生活点滴中。

我们知道，再好的育儿经也无法涵盖与孩子相处中出现的种种问题与烦恼，无法满足个性化的、不断递增的对经验和法宝的渴求。于是仍然要在生活中碰撞、磨合、见招拆招，一边应对一边求索。对于学龄前的孩子，生活就是教育，教育即是生活，容不得我们丝毫懈怠。

用心陪伴，才是最好的教养。

我们知道，快乐的孩子才更有自信和底气。再丰盛的自娱自乐，都无法替代你的用心陪伴。你有爱、有思想，你越来越懂他，你是孩子最好的玩伴。

这是一本关于亲子关系的书，但不以说教和传授为己任。这里没有应对方法，没有教育理论和行为准则，有的是与学龄前孩子相处的宝贵经历——有些是你熟悉的，有些是你烦恼的，更多的则可能让你倍感意外和惊喜——那些时刻闪烁着的人性最本初的光芒。光芒就藏在你稚气的孩子身上，你如何才能发现它？

真正的教育沐浴在爱中，同时也浸润在诸多烦恼中。当一个聪明的孩子发动全部智慧与你周旋、向你挑战时，普适性再强的教条于他也是空洞而滑稽的；当一个固执的孩子为了一个小小欲念与你发生对抗和龃龉时，你是坚持原则还是放弃主张，并没有统一的标准；当你的孩子放下自己，忽然顺从与附和你时，你是该高兴还是该发愁，需要从根源上观察和判断；当孩子不愿意吃饭、不想学习时，你是否都要暴跳如雷、不厌其烦地循循善诱，或施行教育专家的"金科玉律"？

亲子之间常常是上有决策下有对策的，循环往复、无穷无尽。不论有多焦头烂额，请一定保持你"大人"的风度，切勿"以大欺小"，专断地对待。放下家长的权威，在点点滴滴的陪伴中去体察和互动，洞悉他的弱小和无助，慈悲地对待他的顽固与剽悍，唯有如此你才有望把准"命门"，将骤起的隔膜和对抗消解于无形。

保持亲密和谐的亲子关系，做好孩子的玩伴，你才能真切地感受到他们是如此鲜活、如此优秀，你才能看见他思想和个性的光辉、他丰富的想象力和情感诉求、他对父母的爱如此深切。

当他深深地喜爱你，与你坦诚相见时，自然不舍得让你失望。

Part 04

写在最后

这个学龄前的孩子，机灵、可爱，时而乖巧时而张狂，时而甜腻时而冷淡，有时是斗士，有时是暖男。区别情形和环境，还要看兴趣和情绪。

于是在与他的相处中，你时而纠结，时而快乐，时而愤怒，时而感动，你的心情随着他的心情转换，你的眼光总是不自觉地寻找他，你骂着怨着，却更加爱他。

笛笛是执着的，为了看电视，无休止地与妈妈斗争。如果有手机游戏可以玩儿，他便能放下电视，并露出沉溺的端倪。我早年就惊讶于成年人对手游的沉溺，无法想象那是怎样的境界。从笛笛的身上，仍然无法想象，却承认了手游强大的吸引力。

也许，一个人能否清白、真诚不二地过完这一生，不仅要看他是否正直和慈悲、是否有能力和担当，还取决于他是否面对过巨大的、直击命门的诱惑。欲望与生俱来，劣根如影随形，而诱惑是点燃它们的火柴。

可以想见，克制力有多重要。

作为儿童，所谓的社会规范和道德准则于他都是遥远的大道理，是父母教训他时的说辞。父母于他，因为养育和陪伴而不可或缺，又因阻挠和约束而令人憎厌，让人痛快不能淋漓，开心不能尽兴，真是巨大的束缚。说白了，父母既是世上最亲的人，也是最可恼的家伙。于是开心时他无休止地腻着你，发飙时对你揭竿而起。

他是如此直白而透彻。而你必须克制与忍耐，慎用身体及言语的"暴力"。事实证明，在家庭教育上，沉默比打骂更有效，幽默比沉默更积极。我所描述的几次对笛笛的严厉教训，是这两年的全部，如果我的情商再高些，完全可以避免。

笛笛心地善良、行动积极。我们对他的管教，围绕着克制、坦诚和尊重。

克制，是对抗情绪和欲望的法宝。当他能迅速控制住自己，冷静而客观地面对事物及后果时，他才能成为一个出色的孩子。随着年龄的增长，他的修养和能力一定能得到正面的落实。人生中，幸福喜乐是一种能力，而克制是一种保障。

坦诚，目前看是不说谎、不隐瞒，发自内心地思考和说话。只有直面自己，才能走上求知求真的道路，坦诚是积极上进的基石。而当他成长为社会人，坦诚却会成为上层建筑——只有当他具备足够的能力和自信时，他才有可能把这两个字无所畏惧地施展下去。

尊重基于谦逊和敬畏。谦逊不是表面的礼貌，而是一个人内省的修养，认知自身不足的能力。敬畏是在对人群和事物基本认同的基础上，对它们牵涉的未知部分保持一份严谨的敬意，多一份审慎、少一点轻慢。当孩子学会了尊重，才能毫无隔膜地投入未来的人际交往和人生成长当中。

爱他、陪伴他，建立融洽的亲密关系，给他安抚与关照，把读书的种子播入他的心田，再强化这三种品质，是这两年的核心所在。

余昧

2019 年 7 月于黄山